Armin Krenz

Seht doch, was ich alles kann

Kinder und ihre Welt besser verstehen

Kösel

Dieses Buch erschien zuerst 1993 im Verlag Herder, Freiburg, unter dem Titel *Seht doch, was ich alles kann. Was uns Kinder sagen wollen.* Die hier vorliegende Ausgabe wurde überarbeitet und aktualisiert.

ISBN 3-466-30542-X
© 2001 by Kösel-Verlag GmbH & Co., München
Printed in Germany. Alle Rechte vorbehalten
Druck und Bindung: Kösel, Kempten
Umschlag: Elisabeth Petersen, München
Umschlagfoto und Fotos im Innenteil: Agentur Kunterbunt, Heidi Velten, Leutkirch-Ausnang

1 2 3 4 5 · 05 04 03 02 01

Gedruckt auf umweltfreundlich hergestelltem Werkdruckpapier (säurefrei und chlorfrei gebleicht)

Armin Krenz

Seht doch, was ich alles kann

Nora schaut mich, ihren Patenonkel, mit ihren großen Augen ganz erwartungsvoll an, und nach einer Weile fragt sie mich:»Sag mal, Armin, weißt du eigentlich, warum die Flugzeuge, wenn sie durch die Wolken düsen, immer so weißen Rauch hinterlassen?« Völlig überrascht von der Frage, versuche ich ernsthaft, mein Wissen über die Kondensstreifen in der Atmosphäre so in Gedanken vorzuformulieren, dass die Chance besteht, dass ein fünfjähriges Mädchen dieses physikalische Gesetz verstehen kann. Und kurz bevor ich anhebe, meine Gedanken in verständliche Worte zu kleiden, gibt Nora schon selber ihre Erklärung:»Also Armin, das ist doch ganz einfach. Zunächst einmal musst du wissen, dass Flugzeuge mit so einer Art Benzin fliegen müssen, und dafür gibt es noch keine Katalysatoren. Das Weiße sind doch die Auspuffabgase.« Tief beeindruckt von Noras Erklärung, gebe ich mich geschlagen, denn ihre Logik ist für mich durchaus verständlich. Aber es geht noch weiter.

»Sag mal, Armin, weißt du eigentlich, warum es regnet?« Nun, so viel war mir klar: Erstens konnte ich es nicht mit Noras Logik aufnehmen, und zweitens musste ihre Frage etwas mit der ersten Erklärung zu tun haben. Und auch hier gab Nora sofort ihre eigene Erklärung:»Auch das, Armin, ist doch ganz einfach. Schau mal, wenn die Abgase der Flugzeuge in den Himmel steigen, und du weißt ja, dass Gott dort wohnt, dann muss er durch die Luftverpestung irgendwann mal niesen. Tja, und Gottes Niesen ist unser Regen. So ist das nun mal. Und in der Wüste fliegen kaum Flugzeuge. Darum ist es da auch immer so trocken.«

Inhalt

Vorwort

Kinder sind springlebendige kleine Menschen: Überall können sie »herumwuseln«, zwischen unseren Beinen herumturnen und bei eigenen Tätigkeiten stören. Und wenn man dann ein Donnerwetter loslässt, sind plötzlich Kinderaugen auf einen gerichtet, die vielleicht Fassungslosigkeit oder Überraschung, Erschrecken oder sogar Angst ausdrücken.

Kinder sind auch traurige kleine Menschen: Sie sorgen sich darüber, dass vielleicht ihr verlorenes Spielzeug nie wieder gefunden wird, oder sie haben traurige Gedanken an eine Begebenheit, die sie tief verletzt hat.

Kinder sind in vielen Fällen auch mutige kleine Menschen, die ohne Scheu auf Fremde zugehen, ihnen Fragen stellen oder etwas erzählen möchten, wo wir Erwachsene erst einmal eine Anlaufzeit einplanen würden, um ins Gespräch zu kommen. So war ich letztens ganz überrascht, als ein vielleicht achtjähriger Junge an einer roten Fußgängerampel stand und fassungslos beobachtete, wie Erwachsene trotz roter Anzeige die Straßenseite wechselten. Breitbeinig stellte er sich vor sie hin, stützte seine Arme in die Hüften und rief laut, für alle unüberhörbar: »Ja, habt ihr denn nur Tomaten auf den Augen? Seht ihr denn nicht, dass die Ampel Rot zeigt?«

Kinder sind ängstliche kleine Menschen, die beim Gewitter voller Furcht ins Bett der Eltern kriechen oder bei lauten Geräuschen die Hand ihrer Mutter/ihres Vaters ganz fest halten.

Kinder können auch sehr ich-bezogen sein, wenn es beispielsweise darum geht, den »eigenen Besitz« vor anderen Kindern zu schützen, ihre Wünsche durchgesetzt zu bekommen oder gerade dann Aufmerksamkeit einzufordern, wenn sie etwas »ganz Wichtiges zu erzählen haben«.

Kinder sind verschämte kleine Menschen, wie ich kürzlich bei einem auswärtigen Essen in einem Restaurant beobachten konnte, wo ein fünfjähriges Mädchen immer wieder um die Ecke schaute, um gesehen zu werden. Gleichzeitig hatte sie nicht den Mut, beim Blickkontakt und der Aufforderung, doch herzukommen, tatsächlich Schritte aus der Verborgenheit ins »offene Feld« zu wagen, bis nach ungefähr 20 Minuten das Eis gebrochen war. Dann wurde von ihrer Seite ganz vorsichtig und mit leiser Stimme der Kontakt direkter gepflegt.

Kinder sind übermütige kleine Menschen, die sich alles zutrauen, in der Gewissheit, das Glück sei fest an ihrer Seite und die ganze Schar der Schutzengel stehe ihnen bei ihren Unternehmungen bei.

Kinder können auch altkluge kleine Menschen sein, die mit ihrem ganzen Wissen und der Art ihrer Reden die Erwachsenen in Staunen versetzen. Dies allerdings oft mit dem Preis einer gefühlsmäßigen Verarmung.

Kinder können zerbrochene kleine Menschen sein, die schon sehr viel Leid und Irritationen erlebt haben, die sich entweder aus ihrer Welt innerlich verabschiedet haben oder Hoffnungen in sich tragen, dass es jemanden gibt, der ihren Kummer versteht, der sie sieht und ihnen ein Vertrauter werden wird.

Kinder können hinterhältige kleine Menschen sein, die ihren Vorteil genau berechnen und auf Kosten anderer ihr Glück suchen.

Kinder können gewalttätige kleine Menschen sein, die

gelernt haben, dass nur das »Recht des Stärkeren« zählt und jede Form der Schwäche ein Versagen darstellt, was um jeden Preis zu vermeiden ist.

Kinder können ganz ruhige kleine Menschen sein, die leise und zurückgezogen die Welt beobachten und ihre eigenen Gedanken entwickeln, ohne mit anderen darüber zu reden. Kinder können auch zufriedene kleine Menschen sein, die genussvoll ihren Lebensweg gehen und sich auf jeden neuen Tag freuen.

So unterschiedlich Kinder auch sein können, wollen, müssen, so erstaunlich gleich sind ihre Grundbedürfnisse: die Suche nach Sicherheit und Verständnis, nach Anerkennung und Bejahung, nach Bewegungsfreiheit und Handlungsspielraum, nach Wärme, Liebe und Annahme ihrer eigenen Persönlichkeit.

Doch die Geschichte von Kindern weist immer wieder auf einen Punkt: Kinder wurden beziehungsweise werden zu allen Zeiten überbehütet oder vernachlässigt, nicht ernst genommen oder überfordert, verstoßen oder so sehr an Erwachsene gebunden, dass ihnen die Luft für Entwicklung fehlt.

Aktuelle Forschungsdaten aus dem Bereich »Kindheitsforschung« machen deutlich, dass immer mehr Kinder so genannte Trennungs- und Auslieferungserlebnisse erfahren, Beziehungsnöte und Beziehungsverunsicherungen erleben, Bedrohungsängsten ausgesetzt sind und dabei vor allem unbefriedigte, seelische Grundbedürfnisse zurückbleiben – mit häufig lebenslangen Folgen!

So werden Ziele formuliert, die sich vermehrt auf die Zukunft der Kinder beziehen: Kinder sollen vernünftig werden und lernen, sich an Regeln zu halten, sie sollen lernen, sich auf neue Situationen einzustellen, und ihre Meinungen vernünftig vertreten. So wichtig und richtig diese

Ziele auch sein mögen, so notwendig ist es allerdings, eine seelische Grundlage für diese Fähigkeiten zu bieten. Ohne sie können Kinder ihr Lebenshaus nicht bauen, weil das Fundament fehlt. Dazu brauchen Kinder das Erlebnis, verstanden zu werden. Und darum soll es in diesem Buch gehen.

Kinder besitzen ihre Art des Denkens, ihre Wertigkeit des Fühlens und ihre besondere Art des Handelns. Kindheiten haben ihre eigenen Gesetze, und je stärker Erwachsene sich damit auseinander setzen und Kindern dabei behilflich sind, ihre Entwicklung aktiv und zufrieden mitzugestalten, umso weniger sind sie in dem Dilemma, unbefriedigte Grundbedürfnisse durch »erwartungswidriges Verhalten« zu überdecken. Je mehr sich Erwachsene von den Erwartungen eigener oder fremder, an sie herangetragener Ansprüche leiten lassen, desto weniger können viele Kinder ihren Platz in der Welt finden, wo sie sich tatsächlich aufgehoben fühlen.

Das vorliegende Buch ist gleichsam ein Signal, auf Kinder stärker aufmerksam zu werden und den Reichtum ihres Könnens zu sehen. Erwachsene sind schnell mit Kritik zur Stelle, Kinder zu korrigieren. Ein wirkliches Hinschauen, Staunen und Begeistertsein über die Vielfalt kindeigener Ausdrucksformen wird dagegen immer seltener.

Lassen Sie sich einladen, den spannenden Weg einer kleinen Tour durch die Entwicklungspädagogik zu begehen in einer Sprache, die einfach und verständlich sein wird, und mit vielen Beispielen, die zum Nachdenken anregen.

Wie Probleme von Kindern und Erwachsenen unterschiedlich verstanden und bewertet werden

Die Freiheit ist dann erlangt, wenn das Kind sich seinen inneren Gesetzen nach, den Bedürfnissen seiner Entwicklung entsprechend, entfalten kann. Das Kind ist frei, wenn es von der erdrückenden Energie des Erwachsenen unabhängig geworden ist.

Maria Montessori

Samstagmorgen im Elternschlafzimmer

Miriam ist fünf Jahre und kann es gerade an den Wochenenden, wenn ihre Eltern nicht wie an den anderen Wochentagen früh zur Arbeit müssen, gar nicht abwarten, endlich ins Bett der Eltern zu krabbeln. Schon zeitig am Morgen, wenn noch alles im Hause ruhig ist, steht sie leise auf und läuft zum Elternschlafzimmer, um zu hören, ob sich nicht doch schon ein erstes Gemurmel hören lässt. Aber wie üblich ist noch alles ganz still. Miriam wartet an der Türe, geht dann etwas genervt zu ihrem Kinderzimmer zurück und lässt »rein zufällig« ein paar Glasmurmeln auf dem Boden aufspringen. Nach einigen Versuchen, bei denen sie das Hüpfen der Murmeln beobachtet,

15

schleicht sie wieder zum Elternschlafzimmer und wirft einen vorsichtigen Blick hinein. Es scheint sich nichts zu rühren. Wieder geht sie in ihr Kinderzimmer und kommt mit einem ihrer Bilderbücher unter dem Arm zurück, setzt sich vorsichtig neben das Bett der Mutter und erzählt anhand ihres Bilderbuchs ihre Geschichte. Wohl darauf bedacht, nicht zu laut, aber auch nicht völlig überhörbar zu sein, schaut Miriam zur Mutter, ob sich nicht doch ein Auge bewegt. Da – es hat sich was getan. Mama scheint wach zu sein, und schwuppdiwupp schlüpft sie zu Mama ins Bett, mit dem Ergebnis, dass sich ihre Mutter umdreht und murmelt, sie wolle doch noch schlafen.

Miriam hat noch sehr genau die Worte ihrer Eltern im Kopf – es gilt die Absprache, dass sie dann ins Bett der Eltern kommen darf, wenn sie wach sind. Das Problem scheint eben nur zu sein, dass beide noch nicht richtig wach sind, obwohl Mama schon einmal geguckt hat. Miriam greift sich unter kleinen Verrenkungen ihr Bilderbuch, dreht sich zur Mutter und »liest« ihr ganz leise daraus vor. Schließlich dreht sich Miriams Mutter wieder zu ihr und sagt leise, dass sie doch noch schlafe. Miriam hakt sofort ein und flüstert: »Du, Mama, können Menschen eigentlich sprechen, wenn sie schlafen?«

Miriams Mutter verdreht innerlich die Augen. Sie weiß genau, dass nun – wie schon so häufig am Wochenende – ein gewisses Dilemma ansteht. Würde sie antworten, dass

● Menschen, die schlafen, nicht im Schlaf sprechen, dann könnte Miriam die Frage stellen, warum sie denn sage, sie schlafe noch und trotzdem spreche;
● es einige Menschen gibt, die im Schlaf sprechen, und andere es nicht tun, dann könnte Miriam sie fragen, zu welcher »Sorte« von Menschen sie denn gehöre;

- Menschen durchaus im Schlaf auch sprechen, dann würde Miriam fragen, wieso man denn sprechen kann, wenn man doch schläft.

- Und würde sie gar nicht antworten, aber gesehen haben, dass Miriam weiß, dass sie zumindest kurzfristig wach war, dann würde sie so lange ihre Frage wiederholen, bis sie wirklich richtig wach wäre.

Miriams Mutter weiß also, dass, egal wie sie sich verhält, ihre Reaktion immer eine neue Reaktion ihrer Tochter provoziert. Am meisten ärgert sie sich aber, dass sie sich veranlasst sieht, den ihr schon bekannten Gedanken nachzugehen und damit einfach wacher zu werden.

Miriam erzählt währenddessen weiter aus ihrem Bilderbuch und schaut unentwegt ihre Mutter an, die sich bemüht, ruhig zu bleiben und nicht mit den Augen zu zwinkern. Nach einer Weile spürt sie Miriams Hand ganz vorsichtig auf einem ihrer Augenlider. Mit viel Achtsamkeit versucht Miriam, ihr ein Augenlid langsam vom Augapfel hochzuschieben, während sie leise fragt:»Mama, du warst doch schon wach und hast auch schon mit mir gesprochen. Du schläfst doch nicht mehr, oder?« Vorsichtig nimmt die Mutter Miriams Hand von ihrem Auge und sagt etwas schärfer:»Miriam, ich möchte noch schlafen. Bitte sei doch ruhig.« Miriam ist erstaunt:»Mama, du hast doch aber gesagt, wenn du wach bist, dann darf ich in euer Bett. Du bist doch wach.«

»Seid bitte ruhig, ich will heute ausschlafen«, brummt es aus dem anderen Teil des Bettes, und nun wissen beide – Miriam und ihre Mutter –, dass Vater seine Worte an sie beide gerichtet hat. Miriam fragt vorsichtig in Vaters Richtung:»Papa, bist du auch schon wach?« Bevor eine Antwort kommt, steht Miriams Mutter auf, fasst ihre Tochter bei der Hand und geht mit ihr ins Kinderzimmer.»Miriam, es ist Samstag, und wir haben erst 7 Uhr früh. Leg dich ins Bett oder bleib in deinem Zimmer. Aber lass uns bitte noch schlafen. Heute klingelt mal endlich nicht der Wecker.« – »Mama, du hast doch aber gesagt, dass ich zu euch kommen kann, wenn ihr wach seid, und du und Papa habt doch schon was gesagt. Kann ich nicht doch mitkommen?« Die Mutter holt tief Luft:»Miriam, zum letzten Mal, lass uns noch schlafen.« Und»rums«wird die Tür vom Kinderzimmer zugemacht, die Mutter steigt wieder ins Bett, murmelt etwas vor sich hin und ... ist wirklich wach.

Miriam geht, nachdem sie einige Minuten mit ihrem Teddy gesprochen hat, in die Küche und macht das Frühstück für sich und ihre Eltern. Aus Versehen fällt ihr gleich beim ersten Handgriff ein Frühstücksteller auf den Boden. Es vergehen nur Sekunden, bis der Vater in der Küche erscheint und Miriam in ihr Zimmer bringt.»Sei jetzt bitte ruhig und lass uns endlich schlafen!«Ein unterdrücktes Donnerwetter ist deutlich im Anmarsch. Und während Miriams Vater festen Schrittes ins Schlafzimmer zurückgeht, schimpft Miriam hörbar und heftig auf ihre Eltern. Um 7.10 Uhr sind alle im Haus hellwach.

So oder sicherlich sehr ähnlich sind die ersten Morgeneindrücke an den Wochenenden vieler Eltern, und es erscheint schwierig zu sein, Stellung zu beziehen oder Partei zu ergreifen, zu wem denn letztlich gehalten werden kann oder soll.

Würden wir die *Eltern* um eine spontane Stellungnahme bitten, dann würde sie sich vielleicht folgendermaßen anhören:

»Die ganze Woche über sind wir schon durch unsere Arbeit gezwungen, um 6 Uhr aufzustehen. Dann klingelt der Wecker, und wir wissen, dass es jetzt heißt, sich zu beeilen und für den Berufstag startklar zu machen. Wir können es uns wie andere Arbeitnehmerinnen und Arbeitnehmer natürlich nicht erlauben, entweder zu verschlafen oder noch im Bett zu bleiben. Und dann kommt das ersehnte Wochenende. Endlich können wir ausschlafen, wenn es unsere Tochter zulässt. Sie weiß genau, dass sie dann kommen kann, wenn wir wach sind, aber offensichtlich hält sie sich nicht an die Regel. Sie muss es einfach verstehen. Spätestens dann, wenn sie zur Schule kommt, wird sie begreifen, was es heißt, immer rechtzeitig aufstehen zu müssen, ob gewollt oder nicht. Aber so wie heute geht es eben auch nicht. Vor allem hat man ja auch nicht frei. Wir müssen noch einkaufen fahren und andere Besorgungen machen. Immer gibt es was zu tun, und das muss Miriam einfach begreifen, dass wir wenigstens am Morgen unsere wohlverdiente Ruhe haben wollen.«

Würden wir nun *Miriam* bitten, uns zu erzählen, was sie denn dazu führt, so früh zu ihren Eltern zu gehen, bekämen wir vielleicht folgende Antwort:

»Mama und Papa haben mir gesagt, wenn sie wach sind, dann kann ich zu ihnen kommen. Natürlich kann ich das erst feststellen, wenn ich gucken gehe. Immer müssen Mama und Papa so früh zu Arbeit, und nie kann ich mit ihnen kuscheln. Dabei ist das so schön. Auch an den Wochenenden stehen sie dann auf und haben gar keine Zeit für mich. Nach dem Frühstück fahren wir in die Stadt zum Einkaufen, danach gibt's schon bald Mittagessen, und am Nachmittag ist auch immer was zu tun. Ich will Mama und Papa auch mal ganz für mich haben. Und dass ich so sauer geworden bin, als Papa mich ins Zimmer gebracht hat, ist doch klar. Eigentlich wollte ich für uns drei das Frühstück machen, und dann stand da der Teller so blöd auf der Spüle. Papa hat gar nicht gemerkt und auch nicht gefragt, was ich denn in der Küche gemacht habe.«

Die Eltern haben ein Problem – sie wollen ausschlafen und können es nicht –, und Miriam hat ein Problem – sie möchte ganz nah bei ihren Eltern sein und darf es nicht. Miriam versteht die Welt nicht mehr, und die Eltern verstehen Miriam nicht, weil jeder das Problem aus seinem eigenen Problemverständnis heraus sieht, definiert und völlig unterschiedlich bewertet. Miriams Eltern sehen ebenso wie Miriam das Problem heute, jetzt und hier – ohne es in einen Sinnzusammenhang mit anderen Erfahrungen und Auslösern zu verbinden. Allerdings hat Miriam es im Erkennen von Zusammenhängen ungleich schwerer, weil Kinder grundsätzlich aus ihrem Nähebedürfnis heraus gefühlsbetonte Wünsche möglichst rasch umsetzen möchten. Und Eltern haben es grundsätzlich schwer, ihren Kindern die Hintergründe ihrer Erwartungen zu verdeutlichen, weil es einfach schwierig ist, Kinder für andere Sichtweisen zu öffnen. So entsteht zunächst ein Interessenkonflikt, der allerdings fast immer zuungunsten der Kinderbedürfnisse endet.

Ein Strandspaziergang mit Folgen

Wenden wir uns einem zweiten Beispiel zu:

Haik und Hendrik, acht und zehn Jahre alt, sind mit ihren Eltern nach Dänemark an die Nordseeküste gefahren, um mit einem anderen Elternpaar dort über Silvester die Weihnachtsferien zu verbringen. Bei einem Spaziergang am späten Nachmittag gehen die Eltern, gedankenversunken und in ein Gespräch vertieft, am Strand entlang und merken nicht, wie Haik und Hendrik an einer Stelle des

Strandes angeschwemmtes Treibgut untersuchen. Ob es von einem Schiff heruntergefallen ist oder vielleicht sogar von Schmugglern ins Meer geworfen wurde? Beide Jungen phantasieren die wildesten Geschichten und versuchen dabei, den angelandeten, fest verschnürten Jutesack zu öffnen.

Plötzlich schauen sie hoch. Es ist inzwischen fast dunkel geworden, und sie entdecken sich alleine am weiten Strand. Auch ein lautes Rufen nach den Eltern verhallt ungehört im ansteigenden Wind. Sie laufen einige hundert Meter am Strand entlang, aber von den Eltern ist nichts zu sehen. Haik fängt leise an zu weinen, zumal er weiß, dass sie in einem Land sind, wo die Menschen eine andere Sprache haben.

Die Kälte steigt langsam am Körper hoch. Hendrik dagegen sieht die Sache etwas ruhiger – zunächst äußerlich betrachtet – und fordert seinen Bruder auf, Ruhe zu geben und mit ihm ein Haus zu suchen, wo sie um Hilfe bitten können. Sie landen in einer Feriensiedlung und finden auch ein deutsches Urlauberpaar, das ihnen verspricht, gemeinsam nach den Eltern zu suchen.

So viel steht fest: Die beiden Kinder kamen mit ihren Eltern am frühen Nachmittag mit dem Auto zum Strand – wo der Parkplatz war, das wissen sie nicht mehr. Schließlich fällt ihnen aber doch noch ein, dass in der Nähe ein kleines Denkmal stand, das sie auch beschreiben können. Das Urlauberpaar kannte diese Plastik und fährt mit den Kindern dorthin. Hendrik erkennt sofort das Auto seiner Eltern und weist darauf. Es wird angehalten, und die Kinder stürmen zu ihrer Mutter, die in der Nähe ihres PKW steht. Ohne etwas zu sagen, gibt sie jedem Kind eine Ohrfeige und redet sich dann ihren Ärger von der Seele: »Was glaubt ihr beiden eigentlich, wie lange ich hier schon stehe und warte. Papa hat schon die Polizei informiert und geht mit den Polizisten den ganzen Strand ab. Ihr hättet ja ertrinken können oder was weiß ich noch hätte alles passieren können. Seid ihr noch recht bei Trost? Wie oft habe ich euch gesagt, ihr sollt nicht so trödeln, sondern bei uns bleiben. Aber nein, die Herren Söhne wissen ja alles immer besser. Na wartet, wenn Papa euch hier sieht. Dann gibt's noch eine ordentliche Standpauke.«

Anzumerken ist, dass sich die Mutter weder bei den Kindern über ihr Befinden erkundigte noch sich in irgendeiner Art und Weise mit dem anderen Urlaubspaar unterhielt, geschweige denn sich bedankte. Und wie reagierten die Kinder? Sie wandten sich beim Abfahren noch einmal an das Urlaubspaar und fragten leise:»Könnt ihr uns vielleicht wieder mitnehmen?« Das veranlasste schließlich die »Suchhelfer« dazu, ein Gespräch mit der Mutter über die »Art der Begrüßung« zu führen.

Lassen wir zunächst die *Mutter* zu Wort kommen, die folgende Meinung vertrat:»Sie können sich vielleicht nicht vorstellen, wie es ist, plötzlich die Kinder suchen zu müssen. Und das bei Dunkelheit, Sturm und in einem fremden Land. Natürlich bin ich ärgerlich, denn schließlich haben die Kinder nicht aufgepasst. Und immer wieder schärfen wir ihnen ein:. Bleibt in unserer Nähe, zumindest so, dass ihr uns immer sehen könnt. Aber wer nicht hören will, muss fühlen. Mich interessiert auch nicht, was die Kinder dazu führte, uns zu verlieren. Mich interessiert auch nicht, ob Sie die Ohrfeigen gut oder schlecht finden. Den Kindern hätte schließlich was passieren können, und dann hätten wir die Schuld. Es gibt einfach Regeln, die von den Kindern beachtet werden müssen.«

Hätte die Mutter zunächst die *Kinder* erzählen lassen, dann würde sie vielleicht Folgendes gehört haben:»Haik und ich sind dann da am Strand gewesen, und plötzlich wart ihr weg, und es wurde auch schon dunkel. Weißt du, wir haben da nämlich am Strand was gefunden. Es war ein großer Sack, der an den Strand gespült wurde, und ganz bestimmt war da etwas Wertvolles drin. Etwas Ähnliches habe ich auch in einem der Abenteuerbücher gelesen, die ich letztens geschenkt bekommen habe. Da waren Schmuggler auf dem Meer, und als die Polizei hinter ihnen her fuhr und sie mit dem Schiff verfolgte, da warfen sie ihre Schmuggelladung einfach über Bord. Vielleicht waren ja auch Geldscheine drin.« – »Oder eine große Schatzkarte«, meint Haik. »Wie dem auch sei«, könnte Hendrik fortfahren, »wir haben vielleicht einen echten Schatz gefunden. Und der ist nun mal ganz, ganz wichtig. Als wir euch nicht mehr sehen konnten, haben wir euch wirklich auch gesucht. Und als wir jetzt das Auto und dich gesehen haben, sind wir ganz schnell zu dir gerannt und wollten dir davon erzählen. Und dich bitten, nicht böse auf uns zu sein.«

Die Frage, wer Recht oder Unrecht hat, ist müßig zu stellen, weil jeder aus seiner Sicht beschreibt, was ihn bewegt hat, sich so zu verhalten, wie es geschehen ist.

Sicherlich wird niemand bezweifeln, dass Haiks und Hendriks Mutter in einer berechtigt hohen Anspannung stand – jeder weiß das, der einmal seine Kinder mehr oder weniger verzweifelt gesucht hat. Was allerdings die Mutter in unserem Beispiel selber dazu beitrug, einem bestehenden Problem einen neuen Schwierigkeitsgrad hinzuzufügen, war das:

1. Die Mutter der beiden Jungen machte sich große Sorgen und hatte Angst um ihre Kinder. Allerdings wurde aus der Angst immer mehr Ärger, so dass das ursprüngliche Gefühl – verständlicherweise – von einem

anderen Gefühl überlagert wurde und sie ihren ganzen Körper – besser: ihre übergroße Angst und Sorge – an den Kindern ausließ.

2. Sie begann sofort auf die Kinder einzuwirken, ohne ihnen und sich selber die Chance zu lassen, sich darüber zu freuen, dass sie wieder zusammengefunden haben.

3. Sie machte den Kindern einseitige Vorwürfe – zunächst aus verständlichen Entlastungswünschen –, ohne sich selber zu fragen, ob sie als Eltern nicht auch einmal nach den Kindern hätten schauen können.

4. Sie gab den Kindern keine Möglichkeit, von ihren Erlebnissen oder Begründungen zu erzählen. Dann hätte sie verstanden, dass es auch mal geschehen kann oder wird, dass abgesprochene Regeln – oder vorgegebene Anweisungen – bei besonderen Ereignissen vergessen werden können.

Haik und Hendrik würden bei einer Nachfrage erklären, dass es für sie drei Probleme gibt:

1. Sie hätten den Schatz nicht mitnehmen können und nun fänden vielleicht andere Leute das von ihnen entdeckte Schmuggelgut.

2. Da sie nicht mit Absicht ihre Eltern verloren haben, sei Mutters Reaktion ungerecht.

3. Sie hätten sich darüber gefreut, als sie ihre Mutter auf dem Parkplatz gesehen haben, und sie wollten den Eltern bestimmt keine Sorgen bereiten.

Mutter und Kinder bewerten aus ihrer Sicht die Lage völlig unterschiedlich, weil sie auch hier wieder nur aus ihrer eigenen Sichtweise das Ereignis als solches beurteilen können. Allerdings hatten die beiden Kinder durch die schnelle und überraschende Reaktion der Mutter keine Möglichkeit, ihre Sichtweise darzustellen. Haiks und Hendriks Mutter fühlte sich in ihrem Druck im Recht, und die Kinder fühlten sich bis in die Tiefe ihrer Herzen völlig ungerecht behandelt. Warum konnten sie nicht erst erzählen, bevor das Donnerwetter über sie hereinbrach? Und warum konnte ihre Mutter sich denn nicht freuen, ihre Jungen wieder bei sich zu haben, schließlich wartete sie doch ungeduldig auf die beiden?

Kriegsspiele

Frederick (sechs Jahre alt) spielt sowohl zu Hause als auch im Kindergarten des Öfteren Kampfszenen, in denen er sich auf den Boden wirft, ein gedachtes Gewehr vor sich hält und auf seine »Feinde« schießt. Manches Mal bringt er auch ein Spielzeuggewehr mit, das aber – entsprechend der Regel im Kindergarten – nicht im Gruppenraum oder auf der Spielwiese benutzt werden darf. Frederick scheint sich aber auch vom Verbot nicht davon abhalten zu lassen, »Kampf« oder »Krieg« zu spielen. Wenn seine »Waffe« mal wieder »einkassiert« wird, nimmt er ein paar Legosteine, baut sie zu einer Pistole zusammen und feuert dann heimlich los. Darauf angesprochen, erklärt er, es seien ja nur Legosteine. Die anderen Kinder stehen Fredericks Spiel sehr unterschiedlich gegenüber: Viele Mädchen haben, wenn er »rumballert«, Angst und bitten die Erzieherin, ihm seine Waffe abzunehmen. Einige Jungen steigen gerne in sein Spiel ein und lassen es auch zu, dass er der »Chef der Truppe« ist.

So ist es auch heute im Kindergarten: Frederick zeigt nach dem Frühstück großes Interesse an den Legosteinen und baut mit viel Energie eine Pistole. Dann schaut er zur Erzieherin, die mit anderen Kindern beschäftigt ist, und schleicht sich leise in die Bauecke, versteckt sich hinter dem Trennregal und schießt leise in der Gegend herum. Zwei Jungen, die ihn beobachtet haben, laufen zu Frederick und fragen, ob sie mitspielen dürfen. In kurzer Zeit gibt's eine Gruppe von drei Jungen, die sich hinter allen möglichen Gegenständen verstecken, dann ihren Standort wechseln und aufeinander zielen. Schon wenig später wird ihr Spiel von der Erzieherin entdeckt. Sie geht auf die drei zu und bittet diese, doch etwas anderes zu machen. Missmutig lassen sie sich auf den Hinweis ein.

Die Frage an die *Erzieherin*, was sie am Spiel von Frederick und den anderen beiden Kindern stört, wird von ihr so beantwortet:

»Wenn wir unsere Augen auf das Weltgeschehen um uns herum richten, dann gibt es leider sehr viel Krieg. Wir lehnen es daher in unserem Kindergarten grundsätzlich ab, dass Kinder in irgendeiner Form – und auch gerade mit Waffen – bei uns Krieg spielen. Ja, der Kindergarten hat vor allem heute den Auftrag einer bewussten Friedenserziehung, und da versteht es sich von selbst, dass kriegerische Spiele oder die Benutzung von Waffen ausgeschlossen sind. Friedenspädagogik heißt konkret, dass wir den Kindern helfen wollen, ganz praktisch zu lernen, dass Konflikte und Streitereien mit friedlichen Möglichkeiten gelöst werden. Persönlich möchte ich noch unterstreichen, dass die Kinder gerade heute lernen müssen, dass Krieg auch sehr viel Leid und Trauer auslöst. Ich glaube, dass Kindern dieser Umstand gar nicht richtig bewusst ist. Daher können Sie auch bei uns wie in anderen

Mit Pistolen und Gewehren kann ich rumrennen und mit anderen spielen. Wir sprechen meistens vorher ab, wer der Gute und wer der Böse ist.

Kindergärten beobachten, dass es immer wieder mit den Kindern thematisiert wird.«

Die Frage an die *Eltern* von Frederick brachte eine – zunächst so wirkende – kleine Überraschung zutage:

»Ja, wir Eltern haben schon von der Erzieherin gehört, dass unser Frederick im Kindergarten mit Waffen spielt. Auch bei uns zu Hause versucht er's immer wieder, aber wir machen ihm dann klar, dass wir das nicht wünschen. Wenn wir ganz ehrlich sind, können wir Fredericks Verhalten gar nicht verstehen, denn wir beide sind von unserer Grundhaltung her Pazifisten. Das wird für Sie vielleicht verständlich, wenn Sie wissen, dass wir beide in der Schule arbeiten. Auch dort wird das Spiel der Kinder immer härter, und in den Schulpausen › ballern‹ die Kleinen auch mit ihren Spielzeugpistolen rum.

Frederick erlebt bei uns eine durchaus harmonische Erziehung, und wir wollen einfach nicht, dass er die Gewalt (mit dem Symbol der Pistole oder seines Gewehrs) als eine Möglichkeit der Interessenregelung innerlich akzeptiert. Was wird denn später sonst aus ihm? Für uns als Pädagogen ist es natürlich peinlich, dass gerade unser Sohn mit Waffen spielt. Leider können wir ihn ja nicht immer in seinem Verhalten korrigieren, wenn er mit seinen Freunden auf der Straße spielt. Es gibt Einflüsse von den anderen Kindern – da machen wir uns nichts vor. Dennoch muss Frederick lernen, sowohl im Kindergarten als auch zu Hause Unstimmigkeiten oder Konflikte angemessen – ohne Waffe, über das Sprechen – zu klären.«

Und *Frederick* selbst sagt auf die Anmerkung, dass er wohl gerne mit Pistolen und Gewehren spiele, ganz einfach:

»Ja, da kann ich rumrennen und mit anderen spielen. Wir sprechen meistens vorher ab, wer der Gute und wer

28

der Böse ist. Aber Frau H. (die Erzieherin) und meine Eltern erlauben das nicht. Das finde ich doof.«

Das Thema »Kriegsspielzeug oder Waffen im Kinderzimmer« ist sehr brisant. Und man muss die Frage stellen, ob es eine thematische Auseinandersetzung mit Meinungen und Vermutungen wird oder ob zur Themenbetrachtung sachliche Argumente herangezogen werden. Dabei spielt es keine Rolle, ob es sich bei den Spielmitteln der Kinder um Pistolen von Knallkorkrevolvern, Wasserpistolen, extraterrestrische Laserpistolen oder Feuerrohre handelt.

Kommen wir zunächst auf die Bewertung vom Umgang mit Spielzeugwaffen zurück.

Die Erzieherin von Frederick hat in ihrer Argumentation und Bewertung des Spiels folgende Argumentationspläne:

1. Kriege gibt es in der ganzen Welt – und jeder ist zu viel.
2. Der Umgang mit Waffen im Kindergarten ist gleich ein Kriegsspiel.
3. Friedenserziehung ist in erster Linie ein Leben ohne Spielzeugwaffen im Kindergarten.
4. Der Umgang mit Waffen ist eine wesentliche Form zur Konfliktregulierung beziehungsweise dient dem Austragen von Streitigkeiten, und diese wird im Kindergarten nicht geduldet.
5. Es gibt eine Verbindung von Kriegsspiel der Kinder und dem Elend, das echte Waffen auslösen.
6. Kindern ist nicht bewusst, dass echte Waffen viel Leid und Trauer auslösen; daher besteht die Aufgabe der Pädagogik darin, diese Sinnverbindung herzustellen.
7. Auch andere Kindergärten stellen sich dieser Aufgabe; damit ist eine Legitimation für die eigene Arbeit gegeben.

Die Eltern bauen weitere Argumentationspläne auf, die den oben genannten ähneln beziehungsweise sie erweitern:

8. Eine Veränderung des Wunsches von Frederick, mit Waffen zu spielen, ist durch Gespräche möglich.
9. Eine pazifistische Grundhaltung bedeutet vor allem, auch Spielzeugwaffen im Kinderspiel nicht zu dulden.
10. Harmonie im Elternhaus sollte eine Grundlage bieten, dass Kinder nicht zu Spielzeugwaffen greifen.
11. Ein Spiel mit Waffen bringt Kinder dazu, Gewalt zu lernen und diese als eine Form der späteren Interessenregelung beizubehalten.
12. Wenigstens Kinder von Pädagogen und Pädagoginnen sollten im Vergleich zu anderen Kindern nicht mit Spielzeugwaffen spielen.
13. Der Einfluss anderer Kinder kann dazu führen, dass das eigene Kind auch mit Spielzeugwaffen spielen möchte.
14. Unstimmigkeiten und Konflikte werden – wenn nicht verboten – mit Spielzeugwaffen ausgetragen.
15. Kinder, die mit Spielzeugwaffen umgehen, werden leichter zu späteren Waffenträgern oder Militaristen.

Zwei Grundsatzmerkmale fallen in der Argumentation von Erwachsenen auf, wenn es um die Bewertung des Gebrauchs von Waffen bei Kindern im Spiel geht:

● Es wird eine Reihe von pseudowissenschaftlichen Argumenten angeführt, die eine Berechtigung dafür sein sollen, das Spiel mit Waffen zu unterbinden (siehe Argumente Nr. 2, 5, 11, 14, 15). In ähnlicher Form sind solche Gründe auch veröffentlicht – siehe zum Beispiel U. Baer:

»Kriegsspielzeug – Antworten auf Elternfragen«, in: *Gruppe und Spiel*, Nr. 1/1991, wo es unter anderem heißt: »Mit Kriegsspielzeug lernt das Kind die gewaltsame Lösung von Konflikten« oder: »Mit Kriegsspielzeug gewöhnen sich die Kinder daran, Krieg als etwas Alltägliches und Normales anzusehen« oder: »Mit Kriegsspielzeug lernen die Kinder, Menschenleben zu verachten« (S. 12).

● In fast allen anderen Argumenten werden Gründe herangezogen, die eigene Meinungen und Unterstellungen verknüpfen.

1. *Das Spiel mit einer Pistole/einem Gewehr ist automatisch ein Kriegsspiel.*
Wenn wir dem Spieleforscher Spencer Recht geben, dann stellt das Spiel für Kinder die Möglichkeit dar, nicht verbrauchte Aktivität – einen so genannten Kraftüberschuss – in Bewegung und Aktivität umzusetzen, zu der sich Kinder entsprechende Spielutensilien selber bauen oder beschaffen. Viele Beobachtungen belegen, dass Kinder während des Spiels mit ihrer Pistole herumrennen, sich verstecken oder sich jagen und danach ohne Schwierigkeiten zu ruhigerem Spiel – ohne Waffen – überleiten.

2. *Ein Umgang mit Waffen ist immer ausgerichtet auf eher brutale Konfliktregulierung.*
Beobachtungen belegen immer wieder, dass Kinder gerade nicht in Konfliktsituationen oder in Streikaktionen zu ihren Spielzeugwaffen greifen, sondern vielmehr im *Spiel* mit ihren Waffen umgehen. Die Kombination von Waffenspiel und Konflikt ist effektiv nicht richtig.

3. *Weil »echte« Waffen viel Leid und Trauer auslösen, müssen Kinder verstehen, dass auch schon der Umgang mit Spielzeugwaffen einen ernsten »Als-ob-Charakter« hat.*
Hier verbinden Erwachsene die Welt der echten Waffenträger und die der Kinder. Dies ist eine bewertende Unterstellung, die Kinder nicht verstehen können, weil sie ja gerade mit ihren Freunden spielen und beim Schießen ihre Freunde wieder aufstehen und nicht verletzt, geschweige denn »getötet« wurden.

4. *Man bringt Kinder dazu, Waffen abzulehnen, wenn Erwachsene mit ihnen über den Nichtgebrauch sprechen.*
Ein Abbau von überschüssigen Kräften oder der Wunsch, nicht verbrauchte Energie aktiv im Spiel umzusetzen, ist durch das gemeinsame Gespräch unmöglich zu verändern. Der Spieleforscher Carr zeigt etwa, dass gerade im Spiel auch Impulse, Instinkte und vor allem Gefühle abreagiert werden können.
Impulse der Bewegung, der Aktivität und der Spannung wollen gelebt, nicht diskutiert werden. *Instinkte,* in einem Spiel zu gewinnen oder besser als der andere zu sein, sind völlig real und menschlich. *Gefühle* wie Ohnmacht, Angst oder Wut wollen ausgelebt, nicht besprochen werden.

5. *Harmonie im Elternhaus lässt Kinder gar nicht auf den Gedanken kommen, mit Waffen spielen zu wollen.*
Der Begriff »Harmonie«, zumal wenn er als Zielsetzung in der elterlichen beziehungsweise erzieherischen Prioritätsskala hoch angesiedelt ist, birgt die Gefahr, dass viele existierende Unstimmigkeiten und Konflikte in der Familie oder in pädagogischen Einrichtungen »unter den Teppich gekehrt werden«, ba-

gatellisiert oder zerredet werden. Gefühle wie Unmut, Ärger oder Wut müssen im Rahmen der Möglichkeiten ausgedrückt werden, um handelnd aus dem Druck zu kommen.

6. *Das Spiel mit Waffen ist auch immer Aggression gegen Menschen und Sachen.*
Vielfache Beobachtungen zeigen, dass nicht das Spiel aggressiv macht, sondern Kinder gerade nach dem wilden Spiel entspannter und ruhiger sind. Hier werden ganz offensichtlich Ursache und Wirkung verwechselt.

Erwachsene bewerten das Problem, dass Kinder mit Pistolen und Gewehren spielen, also oft durch eigene Vermutungen oder pseudowissenschaftliche Argumentationsketten – als gäbe es nur die eine Spieltheorie von Groos, nach der im Spiel die Möglichkeit, naturgemäß angelegte Fähigkeiten zu üben und in der Selbstausbildung weiterzuentwickeln, ausgeprägt und schließlich zum festen Bestandteil der wachsenden Person wird.

Vor allem aber wird der eigentlichen Bedeutung von Fredericks Spiel keine Beachtung geschenkt:

● Frederick kann sich viel bewegen, rumrennen und mit anderen spielen.

● Er teilt die Welt – seine Spielwelt – in »Gute« und »Böse« ein und verhält sich damit ebenso wie die Eltern oder die Erzieherin, mit dem Unterschied allerdings, dass er in seinem Entwicklungsalter daraus versucht, die Welt zu begreifen, und nicht wie die Erwachsenen eine Pauschalbewertung aufstellt und auf andere überträgt.

33

Die Rückschlüsse, die Erwachsene aus dem Spiel mit Waffen ziehen, werden Kinder selbstverständlich nicht verstehen (können), weil sie andere Gedanken dazu haben und durch ein Spielzeugwaffenverbot ein zusätzliches Problem bekommen:

- »Weil ich mit meiner Pistole spiele und es aber nicht darf, suche ich mir einen Platz, wo ich damit nicht auffalle« (= Abdrängen in die Heimlichkeit).
- »Weil ich nun heimlich damit spiele und es aber eigentlich nicht soll/darf, habe ich ein schlechtes Gewissen« (= zunehmende Gewissensbisse).

Inwieweit das Verbot von Pistolen und Gewehren einer Friedenspädagogik entspricht und vielleicht die realen Bedürfnisse von Kindern missachtet, mag an dieser Stelle nicht weiter vertieft werden. Nur so viel sei angemerkt, dass kindliches Spiel mit Waffen und friedenspädagogische Ziele sich nicht unbedingt ausschließen müssen. Wo eigene Meinungen und vorschnelle Querverbindungen zu bestimmten Spieltheorien zur bewertenden Ablehnung von Spielzeugwaffen führen, kommen oft persönliche Unsicherheiten und eigene unbewältigte Konflikte der Erwachsenen zum Ausdruck.

Wenn zum Schluss die Frage gestellt wird, warum Kinder den Spielzeugwaffen für eine gewisse Zeit eine Bedeutung schenken, dann kann es sicherlich unterschiedliche Auslöser geben:

- Kinder erleben Kriege über die Medien mit – Fernsehbilder in den Nachrichten oder Fotos in Zeitschriften geben für Kinder durchaus genügend Anlässe, belastende Bilder durch Nachspielen zu verarbeiten.

- Antisoziale oder aggressive Erfahrungen werden von Kindern ebenfalls häufig durch eine intensive Nachgestaltung bewältigt. Wenn Erwachsene aufgrund ihrer anderen Bewertung der Spielereignisse Kindern diese Chance grundsätzlich nehmen, obgleich ihre Handlung einen Grund oder einen inneren Sinn hat, dann werden Kinder daran gehindert, Ängste oder Aggressionen auszuspielen. So wird es für sie noch schwerer, zu einem inneren Gleichgewicht zu finden.

Vergessen wir vor allem aber nicht, was Frederick ganz einfach ausdrückt:
»Seht doch, was ich alles kann:

- Ich kann mich bewegen, verstecken, laufen,
- ich kann mich freuen und Spaß am Spiel haben,
- ich kann mit meinen Freunden beim Fangen um die Wette rennen
- und ich spiele ganz einfach *jetzt*.«

Wenn Kinder verträumt ihre Zeit »verplempern«

Marion (fünf Jahre) ist ein sehr ruhiges Kind, das weder zu Hause noch im Kindergarten in besonderem Maße auffällt. Ganz im Gegenteil, im Vergleich zu anderen Kindern scheint es Marion zu genießen, allein und gedankenversunken mit ihren beiden Lieblingspuppen zu spielen. Immer wieder nimmt sie sie in den Arm, erzählt ihnen ganz leise etwas, was Außenstehende nicht verstehen können, trägt sie durch den Raum spazieren oder stellt sich mit ihnen an ein Fenster und schaut für lange Zeit mit ihnen nach draußen. Es passiert aber auch, dass Marion mitten im Kindergartenraum oder – was allerdings weniger vorkommt – in einer Zimmerecke steht und »einfach nur schaut«. Die Eltern und die Erzieherinnen der Gruppe machen sich Sorgen, weil für sie fast keine Impulse des Mädchens zu erkennen sind, dass sie etwas anderes spielen möchte oder anderen Interessen nachgehen will. So werden von den Erwachsenen unterschiedliche Versuche unternommen, Marion zu aktivieren.

1. Im Kindergarten gehen die Erzieherinnen immer dann auf Marion zu, wenn sie »wieder Löcher in die Luft starrt«. Mit Einfühlungsvermögen und leisem Ansprechen machen sie Marion auf unterschiedliche Dinge oder Situationen aufmerksam, zum Beispiel durch folgende Aussagen: »Schau doch mal, Marion, Maike spielt dort alleine in der Ecke. Bestimmt wird sie sich freuen, wenn du mit ihr spielst.« Oder: »Gleich gibt es Frühstück. Hol doch einfach mal für uns alle den Frühstückswagen.« Oder: »Siehst du Jennifer beim Einräumen des Spielzeugs? Geh mal zu ihr hin, denn wenn du ihr hilfst, ist sie viel schneller fertig und ihr beide könnt dann noch zusammen nach draußen auf die Wiese gehen.«
Es geschieht aber auch, dass die Erzieherinnen andere Kinder auffordern, Marion aus ihrer »Träumerei« herauszuholen: »Geh doch bitte mal zur Marion und frage sie, ob sie nicht Lust hat, mit uns zu basteln.«
Grundlage der Entscheidungen, Marion anzusprechen, ist, dass die Erzieherinnen der Meinung sind, dass Marion ihr »Nur-so-Rumstehen« in Aktivitäten umleiten sollte.

2. Marions Eltern versuchen etwas Ähnliches. Sie kennen das Problem schon seit langer Zeit, und da sie meinen, dass Marion durch ihr offensichtliches Nichtstun sehr viel Zeit »verplempert« – so drücken sich beide Eltern übereinstimmend aus –, haben sie für ihre Tochter eine ganze Reihe von Aktivitäten eingeplant: Am Montagnachmittag nimmt ihre Tochter am Tennisunterricht teil, am Mittwochnachmittag ist Ballett, und am Donnerstagnachmittag geht Marion zur Musikschule. Allerdings berichten auch hier die Kursleiterinnen, dass Marion sehr häufig dabeisteht und gar nicht merkt, dass sie zum Beispiel mit dem Aufschlag beim Tennisspiel, beim Mitmachen beim Ballett oder mit dem Einsatz ihres Instruments dran ist.

Auf die Bitte an die Eltern, einmal zu erzählen, ob sie sich vorstellen könnten, warum Marion solch ein »verträumtes Mädchen« ist, und warum sie annehmen, dass die drei festen Zusatzveranstaltungen für Marion hilfreich sind, antwortet der Vater:

»Wenn wir wüssten, wieso unsere Marion so viel träumt, wären wir schon weiter. Das hat sie schon mit fast drei Jahren gezeigt. Und eines ist klar: In der Zeit des Kindergartens kann sie sich vielleicht so verhalten, aber nicht in der Schule. Wir wissen – das hat uns auch ein Psychologe bestätigt –, dass unsere Tochter intelligent ist. Wir wissen auch, dass Kinder im Kindergartenalter die größten Entwicklungsfortschritte machen können, und deshalb muss Marion einfach lernen, ihre Zeit zu nutzen. Auch, damit sie gut auf die Schule vorbereitet ist. Zwar üben wir schon etwas mit ihr – es gibt ja dafür entsprechende Vorschularbeitsmappen –, aber auch daran hat sie kein besonderes Interesse. Selbst wenn ich mit ihr ausführlich darüber spreche, guckt sie mich mit ihren großen Augen an und sagt nichts. Ein Geburtsfehler ist ausgeschlossen – das haben wir schon medizinisch abklären lassen. Vielleicht ist es nur ein Phlegma, und eben das zu verändern ist unsere Aufgabe als Eltern.«

Die Erzieherinnen unternehmen im Kindergarten ebenso viel, wie die Eltern zu Hause versuchen, Marion für andere Spiele und Tätigkeiten zu aktivieren. So werden Impulse gegeben, die das Kind auf andere Gedanken bringen sollen. Es werden neue Aktivitäten vorgeschlagen, um Marion dazu zu bewegen, sich doch mehr der Auseinandersetzung mit anderen Kindern zu widmen.

Aus Sicht der Erwachsenen wird Marions Verhalten zu *einem* Problem erklärt, das so nicht stehen gelassen werden kann. Auf beiden Seiten ist man sich einig:

● Marions »Gedankenversunken-Sein« bekommt den Stempel des »Nichtstuns« aufgedrückt.

● Ihr Beobachten wird einem »Zeitverplempern« gleichgesetzt, das aus Sicht der Erwachsenen mit »Sinnvollerem« ausgefüllt werden muss.

● Das »Sinnvolle« besteht darin, sich mit anderen Kindern zu treffen, um gemeinsam zu spielen; sich auf Aktivitäten zu konzentrieren, bei denen Marion auch etwas tut; an den kindergartenfreien Nachmittagen an Kursen teilzunehmen (Tennis, Ballett, Musikunterricht), die den »Erfolg gut genutzter Zeiten« zu garantieren scheinen.

Die Frage, warum den Erwachsenen so sehr daran liegt, dass Marion endlich »aktiv« werden soll, wird auch durch die Eltern beantwortet: »In der Schule wird unser Kind gefordert, und da kann es sich auch nicht so verträumt verhalten.« Es ist also die *Zukunft*, der eine größere Wertigkeit zugesprochen wird als der Gegenwart.

Ich spiele gerne mit meinen Lieblingspuppen, weil ich sie gern habe.
Und sie mögen mich auch.

Aus Marions Sicht könnte sie uns selbst zunächst einmal das sagen, was sie denkt. Vielleicht würde ihre Rechtfertigung so lauten:

- »Ich spiele gerne mit meinen Lieblingspuppen, weil ich sie gern habe. Und sie mögen mich auch.«
- »Meine Puppen hören mir *immer* zu, wenn ich mit ihnen spreche, ohne dass sie mich anders haben wollen, als ich gerade bin.«
- »Wenn ich alleine mit meinen Puppen spiele, dann habe ich endlich ganz für mich und meine Puppen Zeit.«
- »Und wenn ich aus dem Fenster schaue, dann kann ich wunderbar träumen und an all das Schöne denken, das ich nicht habe.«
- »Doch immer, wenn ich einige Zeit alleine bin, dann kommen die Erwachsenen und lenken mich ab. Offensichtlich ist es für Kinder nicht gut, alleine zu spielen.«

Viele Kinder spielen gerade dann alleine oder mit ganz bestimmten Spielsachen – ihrem Teddy, ihren Puppen, ihrem Rennwagen, ihrer Barbie … –, wenn sie selber ganz für sich die Möglichkeit suchen, den unterschiedlichen Erwartungen zu entfliehen und die »Dinge der Welt für sich in Ruhe zu ordnen«. Je mehr Belastungen und Anforderungen auf ihre Schultern drücken, desto mehr ziehen sie sich zurück und genießen die Zeit des Alleinseins oder des Zusammenseins mit ihren Lieblingsspielsachen.

Und nun beginnt für viele ein Drama, eine Kette aus Verzahnungen, die sie immer schwerer entschlüsseln können. Denn ziehen sie sich – aus Kindersicht berechtigt – zurück, gelten sie aus der Sicht der Erwachsenen oft als desinteressiert, apathisch oder eigenbrötlerisch, bewertet mit der Folge, dass Kindern genau die Zeit, die sie brauchen, durch neue Ansprüche von außen genommen wird oder werden soll. Im Rückzug der Kinder liegt durchaus etwas Positives, Notwendiges, Überlebenswichtiges.

Zurück aber zu Marion: Sie möchte spielen, alleine, mit ihren Puppen, ohne Störungen von außen. Nicht mehr und nicht weniger. Daran ist weder eine »pathologische Auffälligkeit« festzumachen, noch ist dies ein Hinweis für Erwachsene, dass mit dem Kind etwas nicht stimmt. In unserem Beispiel gingen die Eltern mit ihrer Tochter sogar zum Arzt, um mögliche neurophysiologische Hintergründe klären zu lassen. Ganz häufig wird eine solche Untersuchung ohne Befund sein, weil es eben kein medizinisches »Problem« gibt. Das Kind ist auch nicht verhaltensgestört, sondern es spiegelt die direkte Umwelt, mit der sich Kinder immer auseinander setzen müssen.

Für Marion gibt es *kein* Problem – sehr wohl aber für die Eltern und die Erzieherinnen. Und hierin liegt auch die mögliche Lösung des Erwachsenenproblems: Wenn Eltern und Erzieherinnen den Kindern wirklich helfen wollen, ist es wichtig,

- eigene Erwartungen zu überprüfen und zu hohe oder zu viele Ansprüche Stück für Stück abzubauen, damit das Kind wieder die Freiheit spüren kann, das zu tun, was ihm *im Moment* hilft, sich wohl zu fühlen;
- den Rückzug als ein mögliches Signal zu verstehen, dass das Kind allein sein möchte und dieses Alleinsein auch braucht;
- das »Rückzugsproblem des Kindes« als ihr eigenes zu sehen, um gleichzeitig abzuklären, warum es ihnen offensichtlich so wichtig ist, dass ihr Kind aktiv zu sein hat;
- die Gegenwart – das aktuelle Tun des Kindes – zu entziffern: Denn im gegenwärtigen Verhalten werden deutli-

che Zeichen für aktuelle Stimmungslagen sichtbar. Erwachsene erhalten so eine deutliche Rückmeldung auf ihr eigenes Verhalten;

● die wenige freie Zeit, die Kinder heute (nur) noch haben, zu belassen als das, was sie ist: freie Zeit, die mit eigenen Impulsen, Wünschen und Bedürfnissen ausgefüllt werden kann, ohne auch hier manipulativ einzugreifen. Schließlich ist die Zeit, die von Kindern anders als von Erwachsenen genutzt wird, keineswegs immer »ungenutzte Zeit«.

Kinder lieben es auch, verträumt und zeitversunken Teile ihres Tages zu verbringen, ohne dass es für Erwachsene ersichtlich wird, was genau sie eigentlich tun. Und dann neigen Erwachsene oft dazu,

● über all das informiert zu sein wollen, was ein Kind gerade jetzt tut;
● über alles Bescheid wissen zu wollen, womit sich ihr Kind zur Zeit auseinander setzt, um zu prüfen, ob es auch eine dem Kind angemessene Tätigkeit ist;
● Kinder gerade dann zu beobachten, wenn sie glauben, dass es Probleme geben kann oder geben wird;
● den Kindern vieles, was schmerzlich sein könnte, zu ersparen und sie damit vor Gefahren grundsätzlich zu schützen. Doch die Erfahrung zeigt, dass Gefahrenquellen eher überbewertet werden. Und so haben Kinder kaum noch die Möglichkeit, sich auszuprobieren und Gefahren zu bestehen. Selbstverständlich sind damit nicht (!) lebensbedrohende, in die Gesundheit eines Kindes real eingreifende Gefahrenquellen gemeint, sondern vielmehr die alltäglichen Herausforderungen, denen sich ein Kind zu stellen hat, zum Beispiel beim Streiten mit anderen Kindern oder bei der täglichen Auseinan-

dersetzung mit den Geschwistern zu Hause. Erwachsene greifen häufig viel zu früh ein – und gehen damit dem Risiko aus dem Weg, dass Kinder ihre eigenen Kräfte zur Problemlösung aktivieren;

● dass jederzeit etwas »Sinnvolles« gemacht werden muss, um sich nicht später den Vorwurf zu machen, dass gerade die ersten Jahre der Entwicklung eines Kindes ungenutzt verstrichen sind, obgleich diese Sorge eher der Phantasie der Erwachsenen als der Realität entspringt.

Gedankensplitter

Gesetze von außen, auf Kinder gerichtet,
erdrücken die Bilder, von innen erlebt.
Der Schrei nach Freiheit, der Wachsen verlangt,
gerät immer mehr ins Dunkel der Nacht,
und Freiheit zum Wachsen gerät unter Druck.
Doch immer, wenn Freiheit in Zäunen gehalten,
mit Eifer und Pflicht jetzt beschnitten wird,
verkrüppelt das Bäumchen, die Blätter fallen,
und trauriger Harz leckt müde am Stamm.
Erdrückende Kraft, mit Macht nun gelebt,
lässt Abhängigkeit wachsen und Traurigkeit blühn,
weil eigenes Leben im Kampf der Kräfte
trotz Mühe versagt.
Am Himmel ziehn Wolken ganz lautlos vorbei
und spielen gedankenverfangen im Wind.
Der Regen fällt leise, und niemand bemerkt,
wie Tropfen und Tränen die Blätter bedecken,
weil Nässe zum Wechsel des Wetters gehört.

Die Welt der Kinder – vermarktet, isoliert, organisiert und verplant

Wenn man Kinder mit Wissen voll stopft: Was heißt das anders, als in einem fort einen Acker mit Samen auf Samen voll säen? Daraus kann wohl ein toter Kornspeicher, aber kein lebendiges Erntefeld werden. Oder – in einer anderen Gleichung – eure Uhr steht so lange, als ihr sie aufzieht; und ihr zieht die Kinder ewig auf und lasst sie nicht gehen.

Jean Paul

Veränderte Lebensbedingungen

Die Lebensbedingungen für Kinder haben sich in den letzten 20 Jahren drastisch verändert und die Zeitspannen neuer Veränderungen werden immer kürzer.

- Kinder sind in zunehmendem Maße von der Konsumindustrie entdeckt worden und werden sowohl in den Werbemitteln selbst als auch in ihrer Rolle als Konsumenten angesprochen, sei es in der Modebranche, auf dem Spielzeugmarkt oder in der Medienindustrie.
- Kinder sind immer mehr von bildungspolitischen Lehrplänen umgeben, sei es in den Kindergärten, wo es fast überall so genannte heimliche Curricula gibt, sei es in

den Schulen, wo nicht selten die Inhalte vor die lebendigen Bedürfnisse von Kindern gesetzt werden.

- Kinder können ihre Freiheit, ihr Glück und ihre Abenteuer fast nur noch an dafür vorgesehenen Plätzen erleben, an Plätzen, die von Erwachsenen für Kinder geplant und eingerichtet wurden. Beispielhaft seien Freizeitparks, Erlebnisspielplätze oder Super-Sportzentren genannt.

- Kinder haben immer weniger die Möglichkeit, sich mit Spielmitteln zu beschäftigen, mit denen sie experimentieren und die sie gar verändern können, mit denen es Spaß macht, selber etwas herzustellen. Vielmehr ist die große Menge heutigen Spielzeugs darauf ausgerichtet, dass Kinder in trügerischer Weise das Gefühl haben, sie würden diese Spielwelt wirklich gestalten. Gerade im Kindergartenalter, aber auch im Schulalter, werden die Spielmittel zum Lerngerät hochstilisiert, so dass für viele Erwachsene weniger die Frage im Vordergrund steht, ob dieses oder jenes Spielzeug Freude macht, als die Frage, was die Kinder anhand des Spielzeugs lernen.

- Kinder haben aufgrund der Restbebauung noch freier Plätze in der Stadt beziehungsweise in den Gemeinden kaum die Möglichkeit, sich in ihrer Bewegungsfreude frei zu entfalten, weil die Räume immer eingegrenzter und von Erwachsenen besetzt sind. Parkplätze haben Priorität vor Spielplätzen, Baustellen werden durch hohe Zäune abgesichert und verwehren den Kindern die Einsicht in das, was dort mit viel Getöse und nicht zu überhörendem Lärm langsam entsteht.

- Der Straßenverkehr wird immer stärker – welcher Autofahrer, welche Autofahrerin hat es nicht täglich bemerkt –, so dass auch das Spielen auf der Straße zum gefährlichen Risiko wird.

- Die Herausforderungen der Zeit, wo Kinder sich in ihrem natürlichen Wohnumfeld erproben können, existieren kaum noch, so dass Kinder und Jugendliche letzte Chancen suchen, sich zu beweisen. Manchmal gehen sie dabei lebensgefährliche Risiken ein, wie etwa beim Bahn-Surfen.
- Kontakte zur direkten Nachbarschaft werden aufgrund der Zunahme der »verinselten Existenz einzelner Wohneinheiten« immer seltener, so dass gelebte Bezüge, Nachbarschaftshilfen oder Nachbarbeziehungen zur Ausnahme werden.
- Aufgrund einer höheren Mobilität der Erwachsenen, erzwungen durch notwendige Arbeitsplatzwechsel der Eltern, müssen Kinder immer häufiger aufgebaute Beziehungen zu Kindern im Kindergarten oder in der Schule aufgeben, weil der Wohnort gewechselt wird. Bestehende Beziehungen werden unterbrochen, und der Neuanfang in anderen Städten ist nicht immer leicht.
- Freunde vieler Kinder sind durch so genannte Mittelpunktschulen oder Zentralkindergärten nicht immer in der unmittelbaren Nachbarschaft, so dass Kinder, wenn sie ihre Freundinnen und Freunde besuchen möchten, längere Fahrwege mit öffentlichen Verkehrsmitteln oder mit der Fahrunterstützung ihrer Eltern in Kauf nehmen müssen.
- Gleichzeitig »verhilft« der elektronische Unterhaltungsspielemarkt Kindern dazu, auch medienbezogene Einzelaktivitäten »zu schätzen«, mit der Folge, dass soziale Beziehungen vieler Kinder zu kurz kommen müssen beziehungsweise können.
- Der »Frühförderboom« für Kinder, der besonders gerne von leistungsbetonten Eltern beachtet wird, trägt zusätz-

Ich war gerade beim Ballett, jetzt muss ich zum Reiten
und nachher gleich zum Badminton.

lich dazu bei, dass Kinder – gerade auch im Kindergartenalter – mit einer regelrechten »verplanten Zeit« belegt sind: motopädagogisches Turnen bei (vermeintlichen) Haltungsschäden, fremdsprachlicher Unterricht schon für Kinder ab zwei Jahren, vorschulfördernde Übungen für Kinder im Kindergartenalter, Musikunterricht zur Frühförderung musikalischer Fähigkeiten, Ballettunterricht für die Mädchen, sprachheilpädagogische Übungsbehandlungen bei Kindern im Kindergartenalter, obgleich leichte Sprachauffälligkeiten oft kein Grund für diese Art von so genannter Therapie sind, frühes Lesenlernen in kleinen Fördergruppen, Computerkurse für Kindergartenkinder, Schwimmunterricht, Yoga- und Entspannungskurse, Spieltherapie, Kampfsportkurse zum vermeintlichen Aufbau von Selbstsicherheit, Reiten, Segelkurse, Werk- und Basteltreffs usw.

Vieles, was Kinder heute unternehmen möchten, ist an feste Zeiten und an feste Orte geknüpft. Zu Hause, mit ihren Eltern, haben sie dann kaum einmal die Möglichkeit, etwas Ähnliches zu machen. Es sei denn, Eltern(teile) spielen selber mit Freude ein Instrument und treiben mit ihren Kindern zusammen Sport. Oder Eltern (Mütter wie Väter) spielen selber mit ihren Kindern die unterschiedlichsten Spiele, werken oder basteln mit ihnen, bauen Kinderhütten in ihren Gärten oder gehen am Wochenende mit ihren Kindern »auf kleine Fahrt« mit Zelt und Kochgeschirr.

● Nicht zu vergessen ist die große Erweiterung des Fernsehprogramms mit seinen frühen Sendezeiten und den voll gestopften Zeichentrickprogrammen, wobei jeder Sender mit seinen Angeboten darum konkurriert, an erster Stelle gewählt und angeschaut zu werden.

49

Die Welt der Kinder hat sich drastisch verändert. Zusammengefasst kann gesagt werden, dass Kinder in überwiegend supermodernen Spielzimmern mit dem neuesten und technisiertesten Spielzeug leben, auf ausgesuchte Markenkleidung Wert legen und in besonderen Spezialeinrichtungen das wohl dosiert vermittelt bekommen, von dem Erwachsene glauben, dass es Kinder in ihrer Entwicklung weiterbringt.

Die Veränderung des Kinderalltags lässt vielen Kindern nur noch ein »Leben in Bedingungen« zu, in denen ihr Verhalten geplant und organisiert wird. Selbst im Urlaub gibt es Animateure/-innen, die in der Zeit der Muße und Erholung dafür sorgen, dass die Urlaubstage auch hier noch »sinnvoll« genutzt werden. Sicherlich – es ist freiwillig, doch schon das Angebot selbst ist eine Verlockung für viele Menschen.

Ein Blick in die Statistik heutiger Kindheitsforscher/-innen zeigt aber auch, dass sich gleichzeitig bei Kindern die Gefühle wie zum Beispiel

**Trauer, Traurigkeiten,
Wut und Ärger,
Erschöpfung,
Angst und
Überforderung**

vermehrt aufbauen. Die Frage nach dem Warum ist schnell beantwortet: Dort, wo die reale Selbstbestimmung von Kindern darauf reduziert ist, bestimmte Funktionen auszuüben, wo im Ablauf der Tätigkeiten nur eingeschränkte, im Prinzip vorgegebene Pseudo-Wahlmöglichkeiten existieren, wo sich der Alltag nur aus einzelnen Fertigbausteinen zusammensetzen lässt, ohne zu einem wirklichen Ganzen zu werden, dort haben Kinder zwar das Gefühl, umworben zu sein, fühlen sich allerdings letztlich allein.

Allein und verlassen

Trotz dieser Differenzierung der Begriffe »Alleinsein« und »Verlassensein« ist es wohl so, dass starke oder andauernde seelische Belastungen dazu führen, dass Kinder oft das Gefühl haben, sie seien wirklich verlassen: verlassen von wirklicher Zuwendung, uneingeschränktem Vertrauen und dem eigenen Gefühl von Wichtigkeit. Und je stärker das Gefühl wird, dass man selbst unwichtig ist, desto weniger können Kinder zum Ausdruck bringen, was sie können. Kinder sind so gezwungen, für »Wichtigkeiten« zu sorgen: Sei es durch aggressives Verhalten, sei es durch gefährliche Mutproben, durch »auffällige Verhaltensweisen« oder einen völligen Rückzug aus dem Leben. »Seht doch, dass es mich noch gibt« – so oder ähnlich zeigen Kinder ihre Wertigkeit auf und demonstrieren damit ihre Existenz.

War ich drei
oder vier Jahre alt?

Ich weiß es
nicht mehr

Für einen Augenblick
– er muß eine Ewigkeit
gedauert haben –
war meine Mutter in einer großen
dunklen Toreinfahrt
verschwunden

Für mich:
für immer

Später
überfiel mich manchmal
eine ähnliche Angst
ein Gefühl großer Verlassenheit
fast wie damals

Ich mußte lernen:
Alleinsein
ist nicht
Verlassensein

(Hans-Herbert Dreiske: »Ohne Netz. Gedichte zur Kindheit«, Freiburg: Lambertus 1987, S. 46)

51

Dort, wo die Welt von Kindern organisiert und verplant, zeitzerrissen und isoliert, vermarktet und nach ganz bestimmten Schemata verläuft, steigen Kinder immer mehr innerlich aus.

- Intelligente Kinder werden plötzlich zu Leistungsverweigerern,
- körperlich bisher gesunde Kinder bekommen plötzlich Magengeschwüre,
- gefühlsbetonte Kinder entwickeln plötzlich eine zunächst nicht erklärbare Gefühlskälte,
- glücklich wirkende Kinder fallen plötzlich in tiefe Depressionen und
- Kinder mit bisher vielen sozialen Kontakten ziehen sich plötzlich von allen Freunden/-innen und Bekannten zurück.

In Kindern spiegelt sich ihr unmittelbares Umfeld, und es macht betroffen, sich selber aus der Rückmeldung der kindlichen Verhaltensweisen wieder zu erkennen. Und dennoch hindert es nicht daran, aus der Wahrnehmung Konsequenzen zu ziehen. Es gibt schließlich immer mehr

- Kinder, die psychosomatische Störungen entwickeln,
- Kinder, die als letzten Ausweg ihres Dramas die Selbsttötung sehen,
- Kinder, die sich organisierten Gruppen anschließen, in denen »Führer ihrer Interessen« angebliche Wertigkeit vermitteln und dabei ihre Verlassenheit, ihr Alleinsein für eigene, wirre Ideen missbrauchen,
- Kinder, die immer häufiger die Sorgentelefone in den großen Städten nutzen, um sich »ihren Müll von der Seele« zu reden,

Manchmal fühle ich mich ziemlich allein.

- Kinder, die von zu Hause weglaufen, weil sie sich unverstanden fühlen,
- Kinder, die in ihrem Leben ein große Leere entdecken müssen.

»Seht doch, was ich alles kann« – es sind die vielen kleinen und großen Begebenheiten, die Kinder uns zur Beachtung anbieten und die es wahrlich wert sind, gesehen und wertgeschätzt zu werden.

Gedankensplitter

Schon von der Wiege an,
kaum dass ein Kind der Welt begegnet,
herrscht gründlich ein hartes Gesetz:
Aus wem etwas Gutes werden soll,
muss möglichst früh gefordert werden.
Und schon beginnt der Lauf mit der Zeit,
eifrig bemüht, den Kampf zu gewinnen,
in dem die Zeit zu stören scheint.
Denn Zukunft zählt mehr als gestern und heut,
weil immer die Angst zu siegen mag,
dass heutige Stunden verloren sind.
Doch voller Wehmut bemerken die Kinder,
dass sie in dem »Heute« verloren sind.
Und leise bewölkt sich der Himmel,
wo gestern noch hellblaue Himmel
den Glanz der Sonne durchdringen ließen.

Wie Kinder versuchen, die Welt zu verstehen, und Erwachsene immer weniger die Welt der Kinder verstehen

Die Gegenwart ist das erregendste aller Abenteuer.

Halldór Laxness

Der kleine Zoo im Garten

Matthias ist sechs Jahre alt und geht zur Zeit noch in den Kindergarten. Hier fühlt er sich wohl, weil er zusammen mit anderen Kindern den Vormittag verbringen kann: mit Spielen und Werken, Herumtoben und Singen, Bauen und Experimentieren. Aber genauso gerne, wie er den Kindergarten besucht, freut er sich auch auf zu Hause. Seine Eltern und er bewohnen ein großes Haus, zu dem auch ein großes Grundstück gehört. Matthias kommt immer recht geschafft vom Kindergarten zurück, und nachdem er dann zunächst zu Mittag gegessen hat, zieht er sich in den Garten zurück, um zu spielen.

So auch heute. Zunächst sitzt er unter dem großen Kirschbaum, lässt seine Blicke umherschweifen und scheint sich seine Gedanken zu machen. Plötzlich steht er auf, geht zum Geräteraum und holt sich einen Spaten, mit dem er schnurstracks auf eine freie Stelle im Gemüsebeet

55

zueilt. Matthias gräbt etwas Erde aus und schichtet sie um das ausgehobene Loch herum, so dass ein runder Wall entsteht. Kaum ist diese Arbeit beendet, läuft er zum Komposthaufen, um einige darauf liegende trockene Äste zu holen, die er in seine ausgehobene kleine Grube wirft. Längere Zeit bleibt er sinnend davor stehen. Mit einem Ruck eilt Matthias dann weiter zum Mülleimer und zieht eine alte Wolldecke raus, die von den Eltern tags zuvor ausgemustert wurde. Schwer bepackt und leise vor sich hin stöhnend zieht er seinen »Schatz« zur Grube und legt ihn sorgfältig davor. Matthias achtet darauf, dass keine Knitter oder Falten übrig bleiben. Schließlich steuert er wieder zum Geräteschuppen, schaut sich um und greift ein paar Eisenstangen, die sonst als Blumenstützen von den Eltern benutzt werden. Er legt sie über die Mulde, die offensichtlich eine Feuerstelle werden soll. Stolz betrachtet er sein Werk.

Irgendetwas scheint aber noch zu fehlen. Matthias kneift die Augen zusammen und wirft einen Blick zum Haus. Offensichtlich will er noch etwas holen und er überlegt, was es wohl sein soll. Er scheint es in Gedanken gefunden zu haben, denn plötzlich fliegt ein Lächeln über sein Gesicht, und er eilt zum Keller, um sich ein paar leere Gläser zu besorgen. Diese stellt er dann auf den Gitterrost und betrachtet anschließend seine Komposition voller Genuss.

Nun beginnt ein weiterer Arbeitsschritt. Er greift sich eines der Gläser und sammelt Marienkäfer von den Sträuchern, buddelt im Kompost nach dicken Regenwürmern und findet auch ein paar Weinbergschnecken im Steingarten. Kaum ist er an seiner »Baustelle«, holt er die Tiere aus dem Glas und verteilt sie – geordnet nach jeder Tierspezies – in die entsprechenden leeren Gläser: Marienkäfer zu Ma-

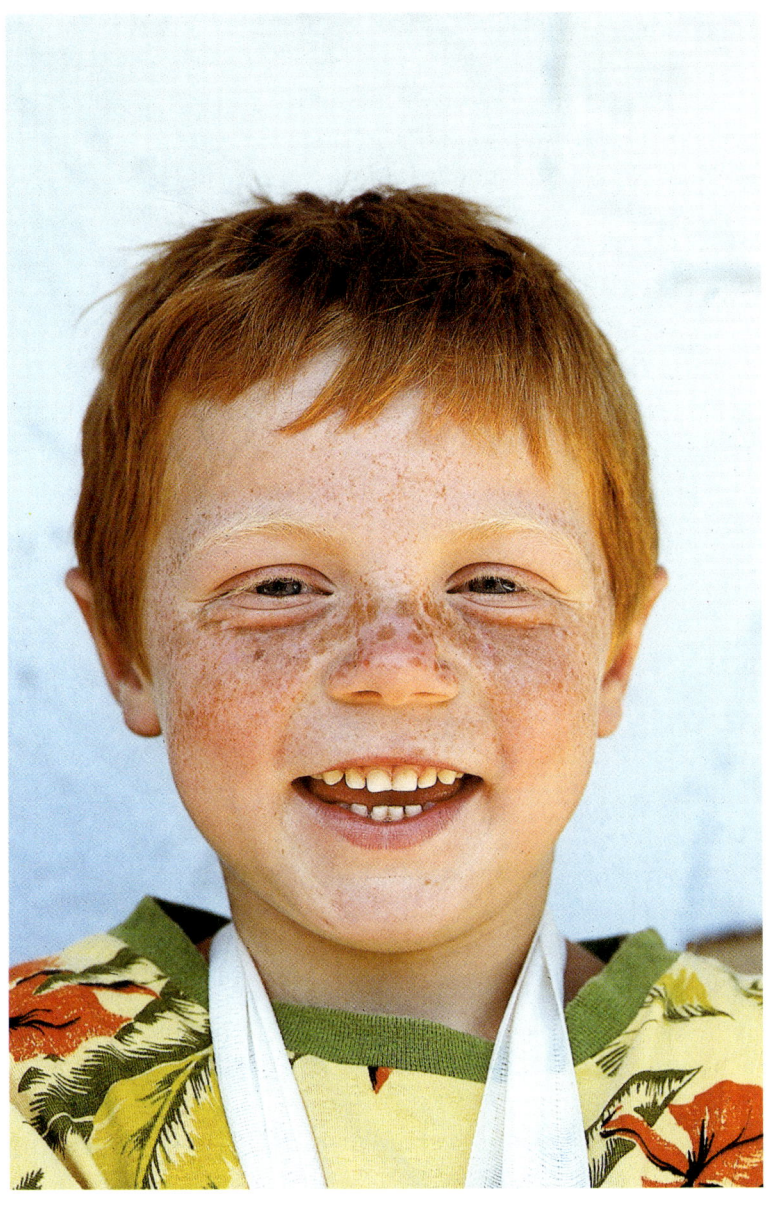

Heute Vormittag war's im Kindergarten wieder toll ...
und jetzt habe ich eine super Idee, was ich im Garten machen kann!

rienkäfern, Würmer zu Würmern und Schnecken zu Schnecken. Den Beobachter beschleicht ein leichtes Unbehagen: Sollte er die Tiere kochen oder rösten wollen? Matthias macht sich ein weiteres Mal auf die Suche. Jetzt sucht er Gras und Blätter, ein wenig Erde und Ästchen, die er von einzelnen Bäumen vorsichtig abbricht. Er legt sie in die Gläser und bestaunt dann sein Werk.

Doch kaum ist er mit allem fertig, kommt seine Mutter. Sie kriegt einen Schreck, als sie sich anguckt, was ihr Sohn da fabriziert hat: »Hör mal, Matthias, das darf doch nicht wahr sein. Seit zehn Minuten rufe ich im Haus nach dir, weil ich dachte, du hättest dich in deinem Zimmer etwas hingelegt. Das machst du doch immer nach dem Mittagessen, weil du vom Kindergarten so müde bist. Und jetzt das. Mitten im Gemüsebeet gräbst du ein Loch. Das geht nun wirklich nicht. Stell dir mal vor, jeder aus unserer Familie würde einfach hier im Garten umgraben, wo es ihm gerade gefällt. Dann sähe es hier schnell so aus, als würden Riesenmaulwürfe über unseren Garten hergefallen sein. Und die Äste sind bestimmt vom Kompost. Die hat Papa doch gerade dort zum Verrotten hingelegt. Aber mein Sohn muss ja wieder alles rausschleppen. Genauso mit der schmutzigen Decke. Die war doch im Mülleimer, weil wir sie endlich wegwerfen wollten.«

Pause – Matthias will etwas erklären, doch die Mutter fängt wieder an zu schimpfen: »Jetzt seh ich erst die Eisenstangen. Und auch die Gläser. Beides hat seinen Platz, weil wir die Stangen für die Blumen brauchen und die Gläser zum Einkochen der Marmelade. Du weißt, du kannst vieles haben, aber das geht zu weit. Wenn du schon was von uns holst, dann frage bitte erst. Aber das wird ja noch schöner: Schnecken und Käfer in den Gläsern – nein, das geht zu weit. Tiere gehören in die Natur und dürfen nicht gefangen werden!« (Anmerkung: Im Haus der Familie hat der Vater ein Terrarium, und zwei Zebrafinken bewohnen einen in der Küche stehenden Vogelkäfig!) »Willst du die vielleicht verbrennen, indem du ein Feuer machen willst? Jetzt hört sich alles auf. Lass die Tiere raus, bring bitte alles wieder zurück an seinen Platz, mach das Loch zu und geh dich erst mal waschen. Du siehst ja selber aus, als wenn du in der Erde gewesen wärst. Übrigens: Gerade hat Thomas angerufen. Er fragt, ob du nicht zu ihm spielen gehen willst. Ich hab zugesagt. Beeile dich bitte, er wartet schon auf dich.« Kopfschüttelnd geht die Mutter wieder ins Haus.

Matthias brummt leise vor sich hin: »Und dabei sollte es mein kleiner Zoo werden. Durchs Glas hätten alle meine Tiere soooo eine schöne Aussicht nach unten und überhaupt gehabt.« Langsam beginnt er mit seinen Aufräumarbeiten. Abgesehen davon, dass Matthias sich völlig unverstanden fühlt(e) und sich auch der Beobachter mit einem schlechten Gewissen plagt, zumal er dem Jungen – ebenso wie die Mutter – unterstellt hatte, er wolle womöglich die Tiere »rösten«, kommt hier doch weitaus mehr zum Ausdruck, als es vielleicht auf den ersten Augenblick hin scheint.

Kinder versuchen immer ihre Welt zu be-greifen, indem sie ihr Umfeld erfahren möchten. Das bedeutet, dass Kinder weniger aus dem Schauen und Überlegen verstehen können als vielmehr aus dem eigenen Tun. Und dabei ist es für Kinder von höchster Priorität, sinnverbunden ihren Aktivitäten nachzugehen. Was aber heißt »sinnverbunden«? Kinder begreifen aus dem Handeln, indem sie das tun, was sie begreifen möchten. Ordnungsgrenzen werden dabei überschritten, weil die »Ordnung der Welt« in vielen Dingen nicht der »Ordnung des Begreifens« entspricht.

Das bedeutet zunächst nichts anderes, als dass das Fühlen, Handeln und Denken der Kinder eine Einheit bilden.

In einem Schaubild dargestellt könnte das so aussehen:

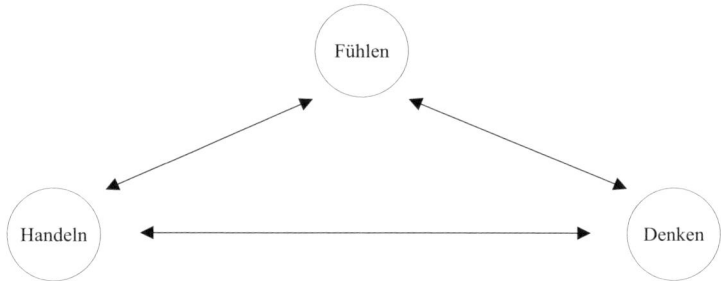

Diese Einheit des Lebens und Erfahrens entspricht damit auch ganz der Verbundenheit von Körper, Geist und Seele, die in einem ständigen Zusammenhang des Erlebens von Situationen, Geschehnissen und Ereignissen steht.

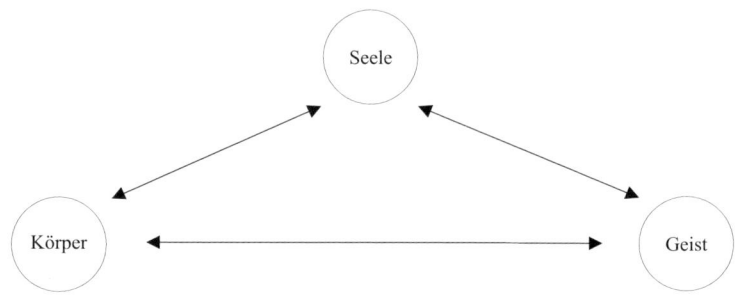

Kinder trennen in ihren Wünschen, Hoffnungen und Vorstellungen ihre Lebensbereiche nicht. Viele Erwachsene allerdings neigen dazu, durch ihren Lebensstil ihre Welten (und damit auch ihr eigenes Leben) aufzuteilen und zu trennen. Viele Beispiele aus der Praxis, dem eigenen Leben oder aus den täglichen Beobachtungen von Ärzten und Psychologen, Therapeuten und Pädagogen machen deutlich, wie sehr die Spaltung der Einheit von Körper, Seele, Geist und damit auch von den Lebensbereichen Fühlen, Handeln und Denken zu Verstimmungen, Verhaltensschwierigkeiten oder Störungen führt. Kinder erleben diese Einheit noch weitaus mehr als Erwachsene und versuchen, diese Einheit auszuleben.

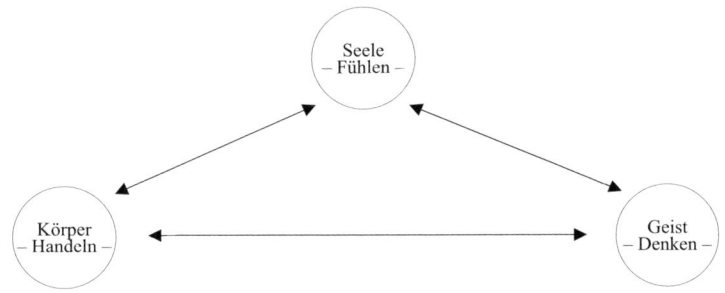

Wenn wir nun auf das Beispiel zurückkommen, fällt es nicht schwer, den Versuch der Mutter zu verstehen, ihre Vorstellungen von der »Ordnung der Welt« auszudrücken und diese auf Matthias zu übertragen. Gleichzeitig bemerkt die Mutter nicht, wie sie seinen *Erfahrungsraum* eingrenzt und durch Vorbestimmungen prägt, seine *Erfahrungswelt* zerreißt und isoliert sowie seine *Erlebniszeit* zerteilt.

»Seit zehn Minuten rufe ich im Haus nach dir, weil ich dachte, du hättest dich in deinem Zimmer etwas hingelegt.« (= Vorwurfshaltung aus der Zuordnung des Erfahrungsraums)

»Das machst du doch immer nach dem Mittagessen.« (= gedankliche Aufteilung der Erlebniszeit)

»Mitten im Gemüsebeet gräbst du ein Loch.« (= Eingrenzung des Erfahrungsraums. Obgleich dort reichlich Platz war, scheint das Ganze nicht der Ordnungsvorstellung der Mutter zu entsprechen, weil ein Gemüsebeet, auch wenn es an dieser Stelle leer ist, eben ein Gemüsebeet zu bleiben hat)

»Stell dir mal vor, jeder aus unserer Familie würde einfach hier im Garten umgraben, wo es ihm gerade gefällt.« (= Eingrenzung der Erfahrungswelt nach dem Ordnungsprinzip, dass, obgleich es nicht jeder tut, ein Chaos entstehen würde, wenn es jeder täte)

»Und die Äste sind bestimmt vom Kompost.« (= Vorbestimmung des Erfahrungsraumes nach der Ordnungsidee: Kompost gehört auf den Komposthaufen und noch nicht auf das Gemüsebeet, weil die Äste zur Verrottung an einer anderen, dafür bestimmten Stelle hingelegt wurden)

»Die hat Papa doch gerade dort zum Verrotten hingelegt.« (= Aufteilung der Erfahrungswelt nach dem Motto, dass es Tätigkeiten für Erwachsene gibt, die ihren Sinn haben, und Kinder diese Ordnung durch ihre Eingriffe zerstören werden)

»Aber mein Sohn muss ja wieder alles rausschleppen. Genauso mit der schmutzigen Decke. Die war doch im Mülleimer.« (= Vorbestimmung der Räume, des Aufenthalts und der Lagerung von Gegenständen)

»Jetzt seh ich erst die Eisenstangen. Und auch die Gläser. Beides hat seinen Platz, weil wir die Stangen für die Blumen brauchen und die Gläser zum Einkochen der Marmelade.« (= Vorbestimmung der Erfahrungsräume und gleichzeitig geht es hier um die Zuordnung von Erfahrungswelten: Marmeladengläser sind nur für das Einkochen von Marmelade gedacht und gehören daher ins Kellerregal, wo eben die leeren Gläser gesammelt und aufbewahrt werden. Gleiches gilt für die Stützstangen für die Blumen)

»Tiere gehören in die Natur und dürfen nicht gefangen werden.« (= Vorbestimmung der Erlebnisräume und Isolierung von Erlebniswelten)

»Bring bitte alles wieder zurück an seinen Platz.« (= Wiederherstellung der Erfahrungswelt in ihrer alten Ordnung)

»Geh dich erst mal waschen. Du siehst ja selber aus, als wenn du in der Erde gewesen wärst.« (= Vorbestimmung der Räume und Zerteilung der Erfahrungswelt nach dem Motto: Erfahrungen kann ein Kind auch dann machen, wenn es dabei sauber bleibt – eine häufig folgenschwere Entscheidung, wie wir später noch feststellen werden)

»Thomas will mit dir spielen. Ich hab zugesagt. Beeile dich bitte, er wartet schon auf dich.« (= Zerteilung der Erlebniszeit. Dabei hat Matthias mit vollem Interesse im Garten gespielt – auch ohne seinen Freund Thomas)

Bei diesem Beispiel fällt besonders dramatisch ins Gewicht, dass Matthias weder »mit Absicht« etwas in Unordnung gebracht hat noch dass er irgendjemanden ärgern wollte. Sein »Pech« lag darin, dass er von einer Idee begeistert war und diese Idee auch umgesetzt hat. Das Leben vieler Kinder, die einfach dabei sind, ihre Welt ganzheitlich, also ohne Aufsplitterung in einzelne »Lern«-Bereiche, zu verstehen, scheint nicht selten dadurch charakterisiert, dass Erwachsene es nicht zulassen (können), der Ganzheitlichkeit auch in der Praxis im Leben mit Kindern eine reale Bedeutung beizumessen. Stattdessen erfahren Kinder täglich immer wieder, wie ihre

Erfahrungsräume eingegrenzt und vorbestimmt,
Erfahrungswelten zerrissen und isoliert,
Erlebniszeiten zerteilt beziehungsweise aufgeteilt werden.

Dies alles geschieht mit der Folge, dass Kinder auch immer wieder aus ihrem ganzheitlichen Verstehen herausgerissen und aus ihrem ganzheitlichen Lernen regelrecht vertrieben werden.

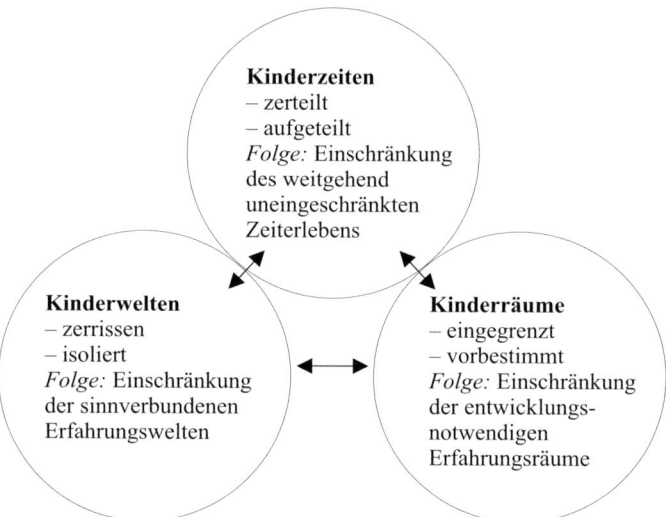

Kinderzeiten
– zerteilt
– aufgeteilt
Folge: Einschränkung
des weitgehend
uneingeschränkten
Zeiterlebens

Kinderwelten
– zerrissen
– isoliert
Folge: Einschränkung
der sinnverbundenen
Erfahrungswelten

Kinderräume
– eingegrenzt
– vorbestimmt
Folge: Einschränkung
der entwicklungs-
notwendigen
Erfahrungsräume

Zurück zu unserem Beispiel: Matthias hatte seine Idee, einen Zoo im elterlichen Garten einzurichten, schnell in die Tat umgesetzt. »Seht doch, was ich alles kann«, würde Matthias voller Stolz gesagt haben, wenn er seine Gedanken in Worte umgesetzt hätte. »Ich konnte den Spaten holen und ein Loch graben, die Erde rundherum wie einen dicken Napfkuchen formen und eine Aussichtsplattform mit Eisenstäben zusammenlegen, so dass die Tiere in den Gläsern, wenn sie nach unten schauen, eine gute Aussicht auf die Stöcke und die Erde haben. Ich habe eine Decke geholt, die eigentlich schon für den Müll bestimmt war, aber ich konnte sie noch gut gebrauchen, für mich und die anderen Kinder, wenn wir mal die Tiere beobachten wollten. Ich habe die leeren und zur Zeit nutzlos im Keller herumstehenden Gläser geholt und ihnen einen Zweck gegeben, so dass sie wirklich gebraucht wurden. Gleichzeitig habe ich Schnecken gesammelt und sie vielleicht davor bewahrt, zertreten zu werden. Ich habe Marienkäfer gesammelt, die vielleicht von den Vögeln in unserem Garten gefressen worden wären, und ich habe ein paar Regenwürmer gesammelt und gerettet, bevor sie vielleicht beim Umgraben vom Spaten zerteilt worden wären beziehungsweise von meinem Vater eingesammelt würden, um sie zum Angeln auf den Haken zu ziehen. Alles das ist doch gut, doch Mama ließ mich erst gar nicht zu Worte kommen.«

Das »Baumnest«

Ein zweites Beispiel, beobachtet in einem Kindergarten:

Kevin und Helge, zwei unzertrennliche Freunde – beide sind fünf Jahre alt –, stehen in einer Ecke des Kindergartenraumes und tuscheln leise miteinander. Während die anderen Kinder eifrig an einem Projekt mitarbeiten, scheinen sie ihr Interesse auf etwas anderes lenken zu wollen. Sie gehen durch die Außentür direkt in den Garten und laufen dann zu einem alten Baum, dessen Äste weit nach unten hängen. Vergeblich versuchen sie, fest daran zu ziehen, um einige Stücke abzubrechen, doch es will einfach nicht gelingen.

Kevin hat eine Idee: Er läuft wieder in den Kindergarten, holt aus dem Besteckkasten der Gruppe ein Messer und kommt voller Stolz damit zurück. Nun säbeln sie ein paar Äste ab, sammeln diese zusammen und tragen sie zu einem kleineren Baum, auf den sie hochklettern und wo sie die Äste wie eine Art »Nest« in eine große Astgabel legen.

Alles scheint nicht so recht zu halten, bis dieses Mal Helge auf eine brauchbare Idee kommt. Er weiß, dass in der Materialhütte dicke, lange Taue herumliegen, die bisher nicht gebraucht wurden. Behände klettert er den kleinen Baum hinunter, läuft zur Hütte und kommt nach kurzer Zeit mit den Seilen beladen zu seinem Freund zurück. Nun wird alles verschnürt und vertaut, wobei – mit Verlaub angemerkt – das Ganze inzwischen aus Erwachsenensicht eher einem aufgeribbelten Pullover für Riesen ähnelt als einem gemütlichen »Baumnest«. Schließlich holen die Kinder noch ein paar Decken von der Wiese und polstern damit ihr neues Wohnhaus aus.

Die Kinder scheinen glücklich zu sein: Sie legen sich genüsslich – wenn auch vorsichtig – in ihr neues Zuhause, prüfen hier und dort, flicken an manchen Stellen noch aus und sind ganz gespannt, ob alles hält. Kevin meint, es fehlen noch Seitenwände, und so gehen sie auf die Suche nach brauchbarem Material. Aber sie finden nichts. »Falls wir runterfallen, brauchen wir Stoßdämpfer«, bemerkt Kevin, und da sie von der Rutsche, die im Sandkasten endet, wissen, dass Sand recht weich ist, holen sie sich zwei leere Marmeladeneimer aus der Abstellkammer der Küche und wollen gerade damit beginnen, einen kleinen Sandberg unter ihrem Baumnest aufzuschütten, als die Erzieherin den Garten betritt und liebevoll – wenn auch bestimmt – den beiden Jungen ihre Ansicht »zur Lage der Situation« mitteilt:

»Schaut mal, der Sand ist doch für alle Kinder da und gehört ganz sicher auch in den Sandkasten.« (= Eingrenzung des Raumes)

»Bestimmt habt ihr ihn geholt, damit er einen möglichen Sturz aus dem Baum abfängt, aber das geht trotzdem nicht. Da müsstet ihr schon ganz große Mengen an Sand transportieren, mit der Folge, dass aller Sand den anderen Kindern fehlt.« (= Eingrenzung des Raumes)

»Ich hab mich schon die ganze Zeit gefragt, wo ihr wohl seid, weil wir ja alle an unserem Projekt arbeiten und ihr nun gar nicht mitkriegt, was wir gearbeitet haben.« (= Aufteilung der Zeit)

»Wo habt ihr eigentlich die Äste her, die da oben liegen? Sicherlich von dem alten Baum in der Ecke. Nun ist er traurig, weil ihr ihn verletzt habt.« (= Isolation einer zusammenhängenden Welt)

»Mit den Seilen ist es auch nicht so gut. Die sind bestimmt aus der Hütte, und ich weiß nicht, ob die anderen Kinder sie nicht für unser Projekt brauchen.« (= Vorbestimmung der Räume und ihrer Materialien)

»Mit dem Messer hättet ihr euch schneiden können. Die sind fürs Frühstück gedacht und wirklich nicht zum Ästeschneiden.« (= Eingrenzung der Räume und Zerteilung der Welt)

»Packt doch bitte alles wieder an seinen Platz (= Vorbestimmung der Räume) und kommt wieder zur Gruppe zurück, weil wir auf euch warten (= Isolation der Kinderwelten). Außerdem müsst ihr euch gut beeilen, weil bald eure Eltern kommen, um euch abzuholen.« (= Aufteilung erlebter Zeiten)

Auch wenn alles mit sehr viel Verständnis von der Erzieherin vorgebracht wurde, ändert es nichts daran, dass Kevin und Helge sich unverstanden fühlten.

Eine spätere Analyse der Situation der beiden Kinder zeigte, dass sie sich in der Gruppe gar nicht wohl fühlten. Umso verständlicher war ihr Wunsch, zunächst etwas *ohne* die anderen zu machen und gleichzeitig sich ein Baumnest zu bauen, wo sie – gewissermaßen im Schutz der Natur –

ihr eigenes, kleines Zuhause innerhalb des Kindergartens erleben wollten und konnten. Ja, es war ein kleines Unglück für die beiden Jungen, nun ihren Bauplatz wieder abzuräumen, ganz entsprechend der gefühlsmäßigen Situation ihrer Lebenszeit im Kindergarten.

»Seht doch, was wir alles können«, hätten Helge und Kevin sagen mögen, wenn sie ihre Gefühle in Worte gekleidet hätten. »Wir brauchten etwas zum Schneiden, wussten, wo das Messer war, und haben uns nicht verletzt. Unser Bau mit den Ästen und Seilen hat gehalten, und wir konnten so bauen, dass das Ganze nicht eingekracht ist. Schließlich die Idee mit dem Sand – das ist doch Phantasie – oder nicht? Gehäufter Sand fängt Stöße ab, und wir haben uns sogar um die Verringerung des Risikos bemüht, uns beim Fallen wehzutun. Aber das Wichtigste wäre gewesen, dass die anderen Kinder uns bewundert hätten, und wir selber hätten auch mal im Mittelpunkt gestanden. Solch ein Baumnest hat nicht jeder. Mit der guten Aussicht. Da kann man sich verstecken und kuscheln, Pirat spielen und das Ganze verteidigen. Und vielleicht hätten wir sogar mal im Sommer darin übernachten können. In einem Baumnest, das ganz alleine von uns, ohne Hilfe von Erwachsenen, gebaut wurde.«

»Ich male so, wie ich mich fühle«

Annette ist ein ruhiges, zurückgezogenes, fünfjähriges Mädchen, das sowohl zu Hause als auch im Kindergarten gerne für sich allein ist und dann mit sehr viel Ausdauer und Energie malt. Sie hat zwar ein paar Freundinnen im Kindergarten, mit denen sie auch ab und an zusammen spielt, doch immer, wenn es laut und hektisch wird, sagt

Ich male so, wie ich mich fühle.

sie, sie habe keine Lust mehr zum Spielen, und zieht sich dann zurück.

Mit Zeit und Ruhe wählt sie die Farbstifte und ein DIN-A5-Papier aus, sucht sich einen Platz, wo sie ungestört malen kann und für sich alleine ist. Mit vorsichtigen Strichen und nur ganz leichtem Druck beginnt sie, eine große, grüne Wiese zu malen, auf der viele kleine bunte Blumen zu sehen sind. Man muss schon sehr genau hinsehen, um die Blüten zu erkennen, weil die Blumenkelche nur mit zarten, bunten Punkten angedeutet sind. Auf der linken Seite des Bildes ist immer ein überdimensional großes Haus, allerdings nur mit einem kleinen Fenster und einer kleinen Tür versehen. Der Schornstein sitzt breit auf dem Dach, doch nie entweicht ihm Rauch. Dunkle, schwarze Wolken bedecken den Himmel, Wolken, die bis in die Bildmitte hineinreichen und aus denen immer einzelne Regentropfen fallen. Auf der rechten Bildhälfte steht eine kleine Schaukel, zu der vom Haus ein sehr schmaler Weg führt, auf dem allerdings kleine Steinbrocken (oder Felsstücke) liegen. Manches Mal ist in der offenen Tür eine winzige Menschengestalt zu erkennen, die Annette aber nicht selten, nachdem sie sie gemalt hat, wieder mit dunkler blauer Farbe überdeckt.

Annettes Lebensgeschichte zeigt deutliche Parallelen zu ihrem Bild, das sie nun schon seit Monaten immer und immer wieder in fast identischer Weise malt. Annette wohnt in einem Hochhaus im siebten Stock, in dem sie ein winziges Kinderzimmer ihr Eigen nennen darf. Die Mutter ist sehr besorgt, dass ihr einmal was passieren könnte, und achtet konsequent darauf, dass ihre Tochter nicht allein draußen spielt. Ihre Angst, Annette könnte etwas passieren, lässt die Mutter sehr stark auf sie achten. Spielt ihre Tochter einmal draußen auf den unfreundlichen Hochhauswiesen, schaut die Mutter aus dem Fenster, um jederzeit Bescheid zu wissen, wo sie ist und was sie macht. Wenn die Mutter beobachtet, dass sich ein Fremder der Tochter nähert, ruft sie sofort nach Annette und bittet sie, ins Haus zu kommen. Beim gemeinsamen Aufsuchen des nahe gelegenen Spielplatzes wird Annette darauf hingewiesen, dass die Schaukel oder die Rutsche zu gefährlich für sie sei, weil andere Kinder sie runterschubsen könnten oder ihr auf der Rutsche wehtun könnten. Zu Hause spricht die Mutter mit ihrer Tochter über »die Gefahren dieser Welt«, über böse Menschen, die Kindern wehtun wollen, und über Situationen, die für sie eben zu gefährlich sind. Im Kindergarten reagiert Annette durch ihr Verhalten: Wenn es zu laut wird oder die anderen Kinder hektisch um sie herumwirbeln, versteckt sie sich in einer Ecke und wartet das für sie unübersichtliche Geschehen ab.

Annette offenbart uns daher mit ihrem Bild ihre augenblickliche Sichtweise der Welt. Die schönen Dinge scheint sie zu erahnen, so wie sie die Blumen auf der großen Wiese malt. Allerdings eben nur angedeutet, zart, vorsichtig. Die Schaukel, auf der sich ja eigentlich so herrlich frei der Rhythmus von Spannung und Entspannung erleben lässt, ist leer, und der Weg dorthin ist für Annette mit Hindernissen verbaut. Es ist ihr nicht leicht, dorthin zu gehen, obgleich sie weiß, dass es da dieses Freiheitserlebnis gibt.

Und wo ist sie selbst? Manchmal steht sie in der Haustür, winzig, gedrückt, fast zu übersehen. Doch auch dann noch malt sie sich weg, weil es ihr schwer fällt, sich selber in der Tür – zwischen objektivem Schutz und der Ungeschütztheit zur Welt – zu erkennen, ja zu erleben. Ihr ganzes Haus besteht eben nur aus einem Fenster, das mit Aufsicht und Kontrolle – wenn auch von der Mutter gut gemeint – besetzt ist.

Doch was bedeuten die Wolken und Regentropfen? Bei einem Gespräch mit der Mutter stellt sich heraus, dass Annettes Vater bei einem Betriebsunfall ums Leben kam und nun Annettes Mutter ihre ganze Aufmerksamkeit ihrer Tochter widmet. Die Gedanken der Mutter sind mit Trübsinn und Traurigkeit belegt, so dass nicht ohne Grund die Themen der Unterhaltung zwischen beiden immer mit »Gefahren des Lebens« durchsetzt sind. Auch Annettes Gedanken kreisen Tag für Tag letztlich um die Dinge, die verletzen, schmerzen oder bedrohen können, und innerlich beginnt ihre Seele immer mehr zu weinen.

»Seht doch, was ich alles kann« vermag sie sehr wohl nach außen zu tragen, weniger über ihre Worte als mehr durch ihre Bilder. Ihr geringes Selbstwertgefühl lässt es nicht zu, andere, kräftigere Farben zu wählen, größere Blätter würden sie erschrecken beziehungsweise vor Augen führen, wie leer die Welt für sie letztendlich ist. »Es geht mir so, wie ich mich male« – winzig und erdrückt von der Welt, dem Haus, dem Leben, ja häufig auch gar nicht existent, weil es Annette wehtut, sich als so winzig zu entdecken.

Was würde es wohl in Annette auslösen, sie aufzufordern, die Blumen doch kräftiger und größer zu malen, wo sie das Schöne der Welt gar nicht sehen kann!

Was würde es wohl in Annette auslösen, sich selber groß und deutlich in der Bildmitte zu malen, wo sie sich selber als winziges, unglückliches Wesen empfindet!

Was würde es wohl für Annette bedeuten, wenn sie aufgefordert werden würde, alle Fenster ihres Wohnhauses doch einmal aufzumalen, wo doch schon das eine Fenster für sie mit einer übermächtigen Kontrolle so negativ besetzt ist! Schauen dann aus allen Fenstern Menschen heraus, die sie rufen oder beobachten würden? Für Annette ja

– und gerade deshalb darf es eben in ihrer Vorstellung nur ein Fenster sein.

Was würde es für Annette bedeuten, doch einmal die dunklen Wolken wegzulassen und stattdessen eine große, helle Sonne zu malen, wo aber in ihrem Leben die Traurigkeit überwiegt und die Freude eben für sie nicht zum Leben gehört! Annette hält mit ihrem Bild ein Zwiegespräch: Ich male mich, wie ich mich fühle, und versuche zunächst zu begreifen, dass es so ist.

»Ich baue an meinem Haus, wie ich es mir wünsche«

Andrea ist sechs Jahre alt. Zu Hause teilt sie ein Zimmer mit ihrer Zwillingsschwester. Beide verstehen sich gut, es gibt wenig Streit, und sie arrangieren sich mit der Notwendigkeit, zu zweit ihr Kinderreich zu teilen.

Andrea spielt am liebsten mit Legosteinen. Sie hat einen großen Holzkasten, der in mehrere Fächer unterteilt ist und in denen die unterschiedlichen Legoelemente zugeordnet zusammenliegen. Meistens geht sie direkt nach dem Kindergartenbesuch zu ihrer Legokiste, holt sich alle rechteckigen Steine, Dachziegel, Fenster und Türen heraus und baut eifrig an einem, an ihrem Haus. Die Vorderseite ihres Hauses hat sehr viele Fenster und zwei Türen, die Seiten- und Hinterflächen des Hauses sind fensterlos, und das Dach ist dicht – ohne Schornstein, ohne Dachfenster, so dass kein Regen, kein Licht von oben einfallen kann. Ist dies geschafft, werden Straßen, Kreuzungen und Fußgängerwege vor das Haus – ebenfalls mit Legosteinen – gebaut, und schließlich kommen ständig Lastwagen angefahren, die in einer Art Fiktionsspiel ganz, ganz viele Gegenstände von zu Hause abholen, die dann auf einer Müllkippe abgeladen werden. Oft dauert das Spiel eineinhalb bis zwei Stunden, und danach ist Andrea körperlich regelrecht erschöpft. Die Eltern machen sich Gedanken, weil Andrea nichts – gar nichts – anderes spielen will, sich aufregt, wenn jemand anderes an ihrer Legokiste Steine durcheinander gebracht hat oder wenn sie das Spiel aus irgendwelchen Gründen unterbrechen soll oder muss.

Und immer ist Andrea sehr in ihr Spiel vertieft – sie hört nicht, wenn ihre Eltern sie rufen oder ihre Schwester etwas anderes mit ihr spielen möchte. Andrea baut *ihr* Haus, immer und immer wieder dieselbe Größe und Form, dasselbe Aussehen und dieselben Wege.

Gespräche mit den Eltern ergeben folgende Situation: Die Zwillingsschwester ist der Sonnenschein der Familie – fröhlich, aktiv, aufgeschlossen und voller Neugierde widmet sich das Mädchen ihren Freundinnen, erzählt viele Erlebnisse ihren Eltern und ist für die Eltern »einfach pflegeleicht«. Andrea dagegen ist sehr ruhig, hat nur »eine richtige Freundin«, spricht wenig und wurde wegen ihrer zunächst leichten Sprachbehinderung, einem Sprechblockade-Stottern, von den Eltern immer wieder freundlich ermahnt, doch langsam, leise und mit Beachtung des Luftholens zu sprechen. Langsam, aber immer mehr wurde ihr deutlich, dass sie – gerade beim Sprechen – ständig etwas falsch mache und dass nur ihre Schwester sich richtig verhalte. Mit ihr lachen die Eltern, sie will zum Ballett, sie kann ihr Leben als leicht empfinden und ihr geht es gut.

Andrea spürt, dass sie »Makel« hat. Erst wenn sie sich verändern würde, bekäme sie die Chance, genauso lieb und herzlich aufgenommen zu sein in dieser Familie, in der es keine Probleme geben darf. Und so baut sie sich ihr Haus – ein Wohnort, in dem sie Rückendeckung findet (geschlossene Hintermauer des Hauses), die Hausseiten stabil und sicher sind (geschlossene Seitenflächen des Hauses) und mit einem fest geschlossenen Dach, durch das nicht immer die Ermahnungen der Eltern oder ihre Erwartungen eindringen können. Zwei Türen gibt es vorne in ihrem Haus – eine für die Eltern (und vielleicht ihre Zwillingsschwester) und eine Tür ganz allein für sie, so dass sie ihren Eintritt ins Haus und ihren Weggang aus dem Haus ganz allein nach eigenen Maßstäben – ohne Bemerk(ung)en der Eltern – vornehmen kann.

Hier fahren auch die Mülllaster hin, um den Unrat, die inzwischen verinnerlichten Erwartungen der Eltern, ihre Sorgen und Nöte, ihre Ängste zu versagen und ihre Trauer, weniger wert zu sein als ihre Schwester, immer wieder aufs Neue abzuholen. Und ist sie gerade dabei, die Lastwagen vor- und wegfahren zu lassen, und kommen in dem Augenblick die Erwartungen dazu, das Spiel zu unterbrechen, dann spürt sie deutlich, dass gerade *jetzt* wieder einmal ihre »Müllentsorgung« unmöglich gemacht werden soll. Oder die Problematik, wenn jemand Fremdes in ihrem Legokasten ihre Lebenssteine – selbst hier – durcheinander bringt: Andrea baut an ihrem Wunschhaus – ihrem Wunsch-Elternhaus und ihrer Wunsch-Persönlichkeit.

Wie heißt es doch so treffend von dem Russen Fjodor Abramow: »Das wichtigste Haus baut sich der Mensch in seiner Seele. Und es ist ein Haus, das nicht im Feuer verbrennt und nicht im Wasser untergeht. Dauerhafter ist es als alle Ziegelsteine und Diamanten.«

Andrea baut immer wieder – in der Hoffnung, dass sie es schaffen könnte, endlich die verinnerlichten großen Sor-

Ich baue an meinem Haus, wie ich es mir wünsche.

gen abzufahren – und das aus einem Haus, in dem sie sich sicher und geborgen fühlen kann. »Seht doch, was ich alles kann«, würde Andrea vielleicht sagen, könnte sie ihre Gefühle in Worte kleiden. »Ich baue mir ein Haus, das mir gefällt, in dem ich sein darf, wie ich bin, in dem ich gleich meiner Schwester Wertigkeit und Aufmerksamkeit erhalte, durch die ich wachsen, wirklich wachsen kann. Seht her – ich will die Sicherheit im Rücken, die Stabilität an meiner Seite und Gedanken, die ich habe und die richtig sein dürfen. Lasst mich den Müll abfahren, und bringt mir keinen neuen Müll hinein, denn es ist anstrengend, immer wieder zu entsorgen, wenn gleichzeitig ohne Unterbrechung wieder Neues an Belastungen ins Haus gebracht wird. Das ist eine fast unlösbare Aufgabe. Und deswegen ist es auch so anstrengend, so dass ich nach dem Spiel nicht umsonst erschöpft und verschwitzt bin. Versteht doch, Eltern, dass ich euer Rufen überhören muss, weil es Arbeit gibt, die mich entlastet. Versteht mich doch in meiner Bautätigkeit, und helft mir dabei, mein Haus in mir und mit eurer Hilfe zu bauen!«

Da Andreas Eltern zunächst die Bedeutung des von ihrer Tochter gezeigten Spiels nicht erkennen konnten (wollten?) – gerade in der immer sich wiederholenden Erklärung, sie hätten doch beide Kinder gleich lieb und beide Elternteile würden ihr gleich viel ungeteilte Aufmerksamkeit schenken –, entwickelte sich Andreas Sprachblockade zu einem fast völligen Verstummen. Andrea sprach nur noch, wenn es unbedingt sein musste – und dann mit einem Stottern, so dass sie kaum zu verstehen war. Dabei spannte sich ihr ganzer Körper an – Gesichts-, Bauch-, Arm- und Beinmuskeln waren stets in Spannung, zumal ihr Sorgenberg ständig anstieg. In gleichem Maße baute sie nun über noch mehr Stunden ihr Haus, bis eines Tages der Sorgenberg tatsächlich durch ein verändertes Elternverhalten kleiner werden konnte – und von da an erhielten ihre anderen Hausseiten auch kleine Fenster, die ihre Schutzwände zu vorsichtigen Sonneneinlass-Außenwänden werden ließen.

»Seht doch, was ich alles kann«, hätte Andrea sagen können, wenn sie sich ihrer symbolischen Spielhandlung bewusst gewesen wäre, »nun sind die Panzerwände an kleinen Stellen mit Glas durchbrochen, weil ich keine Angst mehr habe, dass jemand mein Haus zerstört.« Nach über einem Jahr therapeutischer Betreuung der gesamten Familie baut Andrea zum ersten Mal ein Haus mit nur einer Tür, und vor dem Haus werden kleine Blumenkübel und Bäume aufgestellt. Langsam, Stück für Stück, durfte neues, buntes Leben in die Nähe ihres Hauses, ein neues Leben, das ihr immer weniger Angst gemacht hat.

Was hätte es für Andrea bedeutet, wenn Erwachsene sie aufgefordert hätten, doch auch mal etwas anderes zu bauen! Hier hätte sie die Erfahrung gemacht, dass ihr Haus nicht akzeptiert würde.

Was hätte es für Andrea bedeutet, wenn ihr jemand empfohlen hätte, doch ein offeneres Haus – mit einem Schornstein – zu bauen, wo sie doch gerade in ihrem Haus keine Wärme (aus Akzeptanz) gespürt hat!

Was hätte es vor allem für Andrea bedeutet, wenn Erwachsene sie gebeten hätten, auch mal was anderes zu spielen, wo sie doch dabei war, ihr Haus zu entsorgen!

Und was hätte es schließlich für Andrea bedeutet, wenn ihr vielleicht aus Ärger der Eltern, dass sie immer dasselbe spiele, die Legosteine weggenommen worden wären! Das hätte für sie sicherlich zu einer Katastrophe geführt – vielleicht sogar zu dem Wunsch, nicht mehr zu leben.

»Seht doch, was ich alles kann« – so zeigt uns Andrea, dass sie selbständig und aktiv fleißig daran mitarbeitet, ihr Haus aufzuräumen. Hier war sie auf die Unterstützung von Erwachsenen angewiesen, eine Unterstützung, die zwar mit einiger Zeitverzögerung kam, aber dennoch lebenslange Folgen für sie hat. Es war höchste Zeit, ihre Hilferufe zu verstehen, denn sonst wäre es für sie – wie für viele andere Kinder in gleicher oder ähnlicher Situation – zu dem unausweichlichen Drama gekommen, in ihrem Sorgenberg zu ersticken.

»Auch ich möchte mich in meiner Welt wohl fühlen«

Matthias ist sechs Jahre alt. Seit fast drei Jahren besucht er den Kindergarten, und bisher hatten die anderen Kinder der Gruppe gern mit ihm gespielt. Das hatte sich allerdings in den letzten Wochen verändert, und die Erzieherinnen der Kindergartengruppe begannen sich über das veränderte Verhalten von Matthias Gedanken zu machen.

Was hatte sich verändert? Matthias zog sich immer wieder mit drei oder vier jüngeren Kindern in die Bauecke zurück und begann dort ein Spiel, das immer nach dem gleichen Muster ablief: Zunächst geht er mit den anderen Kindern zur Bauecke und fordert die dort spielenden Kinder auf, rauszugehen, weil er selbst mit seinen Freunden dort spielen will. Da Matthias ein für sein Alter großer und kräftiger Junge ist, geben die Kinder ihre eigenen Spiele auf und suchen sich einen anderen Spielort. Matthias fordert dann seine »Freunde« auf, erst einmal alles aufzuräumen, so dass die Bauecke leer ist. »Und jetzt holt mal die Decken aus dem großen Schrank und baut ein Bett«, befiehlt Matthias, während er selber am Eingang der Bauecke steht und alles kontrolliert. Wenn die Kinder mit den Decken zurückkommen, sagt er ihnen genau, wie sie diese hinzulegen hätten. Er gibt genaue Anweisungen, an welchem Platz das Bett aufgebaut werden soll und warum dieser und jener Punkt so und so auszuführen ist.

Als das Bett fertig ist, legt er sich selber hinein und prüft, ob alles in Ordnung ist. »Nun hol mir bitte ein Glas Milch«, sagt Matthias dann zu einem Kind, das auch sofort geht. »Setz dich neben mich und lies mir eine Geschichte vor«, fordert er ein anderes Kind auf, das sich ein Bilderbuch aus dem Bücherregal holt, sich dann neben Matthias setzt und nach bestem Können die dort gesehenen Bilder beschreibt. »Jetzt muss es eigentlich noch ein bisschen dunkler hier werden.« Offensichtlich kennen die Kinder schon Matthias' Wunsch, denn zielgerichtet holt eines der Kinder einen weißen Schleier aus der Verkleidungsecke und legt ihn Matthias vorsichtig über die Augen. Kurzum: Das ganze Spiel besteht darin, dass Matthias den anderen Kindern ständig Aufträge erteilt, sie kommandiert.

Die Gruppenerzieherinnen beobachteten dies eine ganze Weile und versuchten in der Zeit der Regelspiele beziehungsweise der angeleiteten Beschäftigung, Matthias für so genannte konkurrenzfreie Spiele zu motivieren; Spiele, bei denen es keine Gewinner und Verlierer gibt. Das Problem besteht allerdings darin, dass er diese Spiele nicht mag und »blöd« findet. Ja, je stärker die Erwartung der Erzieherinnen ist, dass Matthias doch eigentlich »Kooperationsfähigkeit« lernen soll, desto stärker wird sein Wunsch, sein Spiel in der Bauecke häufiger und länger durchzuführen.

Nachdem sich nun aber die Eltern der »spielbestimmten Kinder« beschwerten, dass Matthias wohl nicht gruppenfähig sei und zu überlegen sei, ob er nicht eine andere Gruppe oder gar einen anderen Kindergarten besuchen solle, wandten sich die Erzieherinnen Hilfe suchend an einen Erziehungsberater. Dieser bat die Eltern von Matthias in den Kindergarten, um ihren Sohn einmal beim Spielen zu erleben und zu beobachten. Nachdem Matthias sein Spiel nach einiger Zeit wieder spielte, sagte der Vater, der zu diesem Zeitpunkt gar nicht aufgefordert war, etwas zu erklären, ganz spontan und entschuldigend: »Also wirklich, ich weiß gar nicht, woher er das nur hat.« Die Mutter von Matthias schaute ihren Mann an und meinte nur leise: »Das ist ganz dein Sohn.«

In der Besprechung mit den Eltern wurde deutlich, warum es offensichtlich für Matthias so wichtig war, gerade dieses Spiel zu spielen. Er selber fühlte wohl, dass er zu Hause von seinem Vater zu wenig beachtet wurde. Dieser war nur dann von seinem Sohn angetan, wenn er in irgendeiner Form Leistung zeigte, die in seinen Augen angemessen und gut beurteilt werden konnte. Spielen selbst war dabei überhaupt nicht wichtig. Gleichzeitig entsprach der Umgangston zwischen Vater und Sohn einem Muster von »Anordnung und Anordnungsausführung«, das aber nicht nur zwischen ihm und Matthias ablief, sondern auch zwischen ihm und seiner Frau. Selbst wenn der Vater Mitarbeiter und Mitarbeiterinnen seiner Firma zu Hause hatte, unterschied sich diese sprachliche Umgangsform nicht von der in der Familie. Matthias bekam dies alles sehr genau mit. Er hatte vor seinem Vater eine »hohe Achtung« und hätte wohl gleichzeitig auch sehr gerne mit ihm gekuschelt und geschmust. Darauf konnte sich der Vater aber grundsätzlich nicht einlassen. So musste sich bei Matthias die Meinung herausbilden, dass man das, was man erhalten will, durch Befehle bekommt.

Matthias war »ganz der Vater« oder, wie es die Mutter ausdrückte, Matthias war »ganz Vaters Sohn«. Im Inneren seines Herzens suchte er Wärme und Wohlbefinden – dafür ließ er sich auch sein Bett herrichten. So baute er ganz allein immer wieder an seiner Welt – unter Zuhilfenahme der Kinder –, in der er sich das holen wollte, was er vermisste, aber eben auf eine Art und Weise, in der er gleichzeitig Verhaltensweisen zeigte, die sein geliebter Vater mit Erfolg demonstrierte.

»Seht doch, was ich alles kann«, könnten seine Worte sagen, wenn er seine Wünsche aussprechen würde. »Da ich Papa sehr gerne habe, er aber gar nicht mit mir schmust, baue ich mir selber eine Welt, in der ich mich wohl fühle.«

»Seht doch, was ich alles kann.« – »Ich schaffe es, dass andere Kinder meinen Anordnungen entsprechen und auch mal für mich sorgen.«

»Seht doch, was ich alles kann.« – »Mir wird etwas zu trinken geholt, man verdeckt mir die Augen, so dass ich träumen kann, und da gibt es immer wieder jemanden, der mir sogar vorliest und eine Geschichte erzählt.«

»Seht doch, was ich alles kann.« – »Gerade weil ich zu Hause nicht das bekomme, was ich mir so sehr wünsche, sorge ich für mich im Kindergarten.«

»Seht doch, was ich alles kann.« – »Wenn andere Kinder meinen Spielplatz besetzt haben, finde ich mich nicht damit ab und trauere der Wunschsituation nach, sondern schaffe stattdessen Bedingungen, dass ich zu meinem Spielwunsch komme.«

Matthias hat auf diese Art gelernt (lernen müssen), seelisch zu überleben, auch wenn seine Mittel sicherlich nicht dazu geeignet sind, Freunde zu finden oder längerfristige Freundschaften aufzubauen.

Der Vater, der zusammen mit seiner Frau das Spiel von Matthias beobachtet hat, war sich in der Beurteilung der Situation selber nicht ganz einig. Auf der einen Seite fand er es in Ordnung, dass sein Sohn Forderungen aufstellt und damit für sich sorgt, auf der anderen Seite meinte er im Gespräch, dass Matthias auch lernen müsste, sich »in gewissen Bereichen anzupassen«.

Erst nachdem durch einige Beratungsstunden der Vater verstehen konnte, dass Matthias aus eigenen Überlebenswünschen – gemeint ist hiermit selbstverständlich ein Überleben bezüglich des seelischen Gleichgewichts – gar nicht anders kann, als sich das Fehlende zu besorgen, begann er damit, sich mehr dem Sohn gegenüber zu öffnen und mit ihm auch etwas zu unternehmen. Am Wochenende spielte er mehr mit seinem Sohn, las ihm abends Geschichten vor und konnte es auch zulassen, dass Matthias auf seinen Schoß kam und sich ankuschelte. So hat der Vater Stück für Stück gelernt, sich seinen eigenen Gefühlen zu öffnen, so dass er auch diese erlebten Gefühle an seinen Sohn weitergeben konnte. Matthias erzählte nun von den Wochenenden und auch von den gehörten Geschichten. Und als er die Gefühle seines Vaters ihm gegenüber deutlich spürte, ließ auch sein Bedürfnis nach, das »Baueckenanordnungsspiel« zu wiederholen.

»Seht doch, was ich alles kann« – so ähnlich hätte es Matthias vielleicht ausgedrückt, wenn er jetzt seine Gefühle in Gedanken gekleidet hätte: »Ich habe einen Vater, der mit mir schmust und spielt, der mir Geschichten abends am Bett vorliest und der mit mir lachen kann.«

»Seht doch, was ich alles kann.« – »Bisher habe ich mir durch Befehle alles holen müssen, was ich vermisst habe.

Jetzt, da ich mich in meiner häuslichen Welt wohler fühle, kann ich auf das Bestimmen über andere verzichten.« »Seht doch, was ich alles kann.« – »Ich erzähle euch von meiner Freude, dass sich etwas in meinem Leben verändert hat, und ich habe einen Papa, der mich wirklich mag, der mich nun nicht nur dann gut findet, wenn ich seinen Leistungsanforderungen entspreche, sondern dem es inzwischen Freude macht, mich lachen zu sehen.«

Es wird in diesem Zusammenhang verständlich, dass Matthias die vielen angebotenen Kooperationsspiele im Kindergarten nicht annehmen konnte, weil er bisher der Verlierer war, er aber der Gewinner, Sieger sein wollte und musste. Aufgedrückte, vorbestimmte Absichten von Erwachsenen, Kooperation zu »verordnen«, werden immer dann an Grenzen stoßen, wenn es dem starken Wunsch der Kinder entspricht, auch mal Sieger beziehungsweise Gewinner zu sein. Würde das Matthias weggenommen werden, wäre er auch hier Verlierer gewesen, und das konnte er aus verständlichem Grund nicht zulassen.

An dieser Stelle mag besonders erwähnenswert sein, dass mit Matthias nicht therapeutisch oder heilpädagogisch gearbeitet wurde, sondern die Veränderung der familiären Umgangsformen wichtig war. Eine Ausgrenzung von Matthias aus dem Kindergarten und seiner Gruppe hätte das Problem selbstverständlich nicht gelöst. Der Wunsch der anderen Eltern war zwar zunächst verständlich, wäre aber dem Problem von Matthias nicht gerecht geworden. Darüber gab es auch im Kindergarten eine lebhafte und fruchtbare Diskussion, die dazu führte, dass viele Eltern mit Interesse an weiteren Erziehungsfragen regelmäßig miteinander gearbeitet haben.

»Ich mag mich, und ich mag dich«

Katrin (sechs Jahre) und Thomas (sieben Jahre) sind seit Beginn ihrer Kindergartenzeit unzertrennliche Freunde. Beide spielen fast jeden Nachmittag nach der Schule miteinander, entweder zu Hause in einer der beiden Elternwohnungen oder draußen auf der Straße und in der Umgebung. Beide sprechen davon, dass sie später einmal heiraten werden, und jeder in der Straße weiß, dass, wenn eines der Kinder gesucht wird, es mit Sicherheit mit dem anderen irgendwo spielt.

Heute nun haben sich die Kinder im Garten eine »Deckenhöhle« gebaut. Mit alten Wolldecken und Bettlaken sind sie lange dabei, mit Hilfe von herunterhängenden Ästen einer großen Kastanie und unter Nutzung eines Gartentisches eine Behausung zu bauen, wo sie miteinander spielen können.

Die Mutter von Thomas ist etwas irritiert, weil an den anderen Tagen, wenn die Kinder im Garten aktiv sind, immer wieder ihre Stimmen zu hören sind oder der Wunsch hochgerufen wird, Plätzchen oder Saft zu bekommen. Thomas' Mutter entschließt sich, nach unten in den Garten zu gehen, um zu schauen, ob alles in Ordnung ist. Während sie durch den Flur zur Haustür unterwegs ist, fällt ihr auf, dass der kleine Wandspiegel fehlt. »Bestimmt brauchten ihn die Kinder zum Spielen, nur hätten sie mich fragen können«, denkt sie und macht sich auf den Weg in den Garten.

Ja, beide Kinder scheinen in ihrer Deckenhütte zu sein, registriert die Mutter, zumal sie leise Stimmen vernehmen kann. Sie hebt vorsichtig die Deckentür ein wenig hoch und ist etwas überrascht. Katrin und Thomas haben sich ausgezogen und liegen nebeneinander, während das Mädchen den Spiegel über sich hält und beide gemeinsam versuchen, ihre Körper zu erforschen. Sie unterhalten sich darüber, wie es wohl sei, ein Kind zu bekommen, und wie schön es wohl ist, dann immer mit dem eigenen Kind zu spielen. »Tja«, meint Thomas, »aber wenn wir zur Arbeit müssen, dann kann keiner das Kind mitnehmen. Dafür ist ja Mama da, die passt dann auf und spielt mit dem Kind. Und wenn die Mama zur Arbeit muss, dann kann ja deine Mama das Kind nehmen.« So schmieden die beiden Pläne, wie sie später mal die Frage für sich klären werden, wie es ist, wenn sie ein Kind bekommen, und wer sich dann um ihr Baby kümmern kann.

Thomas' Mutter weiß nicht, wie sie reagieren soll. Auf der einen Seite ist sie unsicher, ob sie sich bemerkbar machen soll, um mit beiden Kindern vielleicht über das aufgeworfene Thema zu sprechen, auf der anderen Seite möchte sie das Vertrauen der Kinder nicht erschüttern, indem sie sich überrumpelt fühlen. Und während sie überlegt, entdeckt Katrin durch ihren Rückblick über den Spiegel Thomas' Mutter. Sie setzt sich schnell hin, macht ihren Freund auf seine Mutter aufmerksam, und beide Kinder schauen etwas verlegen zu ihr herüber. »Mama«, kontert Thomas auf den etwas vorwurfsvoll-fragenden Blick der Mutter, »Katrin und ich spielen Vater und Mutter. Jetzt bist du ja da. Können wir nicht beide deine Kinder sein? Komm doch in unser Haus. Wir haben zwei Etagen. Oben ist das Kinderzimmer und hier unten das Schlafzimmer. Wir gehen dann nach oben, und wenn du unten im Schlafzimmer liegst, dann rufst du uns, ja?« Thomas' Mutter ist sprachlos ...

Die Sexualität von Kindern zu akzeptieren ist auch heute noch für einige Eltern nicht völlig problemlos, zumal sicherlich solch eine Situation Eltern vor plötzliche

Ich mag mich, und ich mag dich.

Fragen stellt und Antworten verlangt. Thomas' Mutter bittet die Kinder, ohne sie weiterzuspielen, äußert allerdings die Hoffnung, sie mögen sich nicht wehtun. Außerdem nimmt sie sich vor, demnächst mit Katrins Eltern zu sprechen, um zu hören, ob sie etwas gegen die Körperspiele ihrer Tochter und der beiden Kinder einzuwenden haben.

Als die Mutter die Kinder bittet, sich nicht wehzutun, protestiert Thomas laut: »Wir haben uns gestreichelt, und das ist schön.« Leider war nur durch diese eine Anmerkung die ruhige Atmosphäre in der Kinderbehausung dahin. Beide spürten sehr genau, dass es da etwas in Mutters Gedankenwelt gab, das in ihnen ein »ungutes Gefühl« auslöste.

»Seht doch, was wir beide können«, könnten beide Kinder ihre Gefühle in Gedanken fassen: »Wir haben uns ein Haus gebaut, das hält und nicht zusammenkracht. Wir besitzen ein Haus mit zwei Etagen, einem Kinder- und einem Schlafzimmer.«

»Wir haben es uns gemütlich gemacht und spielen Mutter und Vater – so, wie es auch in unserer Familie Mutter und Vater gibt.«

»Wir haben uns gestreichelt und angeschaut – ganz lieb und vorsichtig, so dass keinem von uns beiden wehgetan wurde.«

»Wir haben uns über unsere Zukunft unterhalten – ganz so, wie es viele Menschen tun, die miteinander etwas Angenehmes planen.«

»Wir haben uns einen Spiegel aus dem Flur mitgenommen, weil wir neugierig sind und etwas in Erfahrung bringen wollten – auch Erwachsene brauchen Spiegel, um sich über ihr Aussehen im Klaren zu sein.«

»Wir haben extra am Eingang unserer Hütte einen Deckenvorhang gemacht, weil wir gerne ungestört sein wollten – ganz so, wie Mama und Papa manchmal ihre Türen schließen, wenn sie gerne allein sein möchten.«

»Wir haben uns schließlich in den Garten zurückgezogen, weil wir niemanden stören wollten und weil es draußen so schön ist.«

»Sieh doch, was wir alles können, und nun ist dein einziger Kommentar, wir sollen uns nicht wehtun!«

Thomas und Katrin spüren – wie alle Kinder in diesem Alter –, dass es eben auch Spiele gibt, die zwar nicht »verboten« sind, bei manchen Erwachsenen aber wohl doch irgendwelche »komischen Gefühle« auslösen. Beide Kinder fühlen sich aber einfach wohl und geben dies auch ihrer Freundin / ihrem Freund weiter. Sie mögen sich offensichtlich selber und kommen deshalb auch ihrer Freundin / ihrem Freund mit gleicher Wertschätzung nahe. Katrin und Thomas erleben ganz einfach Zärtlichkeit und suchen Antworten auf ihre Fragen: nicht durch Reden, sondern über ein gemeinsames erlebendes Erfahren. So wie Kinder eben lernen, für sie wichtige Antworten zu begreifen.

Kinder zeigen uns mit ihrem Spiel einen großen Teil ihrer real erlebten Gefühle, ihrer Gedanken und ihrer Bemühungen, Antworten auf ihren Entdeckungswegen zu finden. Erwachsene neigen oft viel zu sehr dazu, ihre Aufmerksamkeit auf das auszurichten, was sein könnte oder besser wäre im Vergleich zu dem, was einfach ist.

Kommen wir dazu auf die Beispiele dieses Kapitels zurück:

»Warum malst du die Blüten und dich selber denn nicht größer?« könnte eine Frage an *Annette* sein, ohne damit zu verstehen, dass ihre kleinen Malwerke genau der Größenproportion entsprechen, wie sie sich und ihre Freude erlebt.

»Warum haben deine Häuser denn nur ein kleines Fenster und eine solch kleine Tür? Da kann doch gar niemand hinein- oder hinausschauen beziehungsweise gar nicht ins Haus eintreten!« Annette spürt dagegen sehr wohl die Richtigkeit ihrer Malweise und verhält sich so, wie ihr Erleben ist.

»Warum baust du denn nicht mal ein anderes Haus, mit einem Schornstein und nur einer Tür, so wie auch unser Haus ist?« könnte eine Frage an *Andrea* sein, ohne damit zu verstehen, dass für Andrea zur Zeit zu Hause keine Wärme – kein warmer Ofen – existiert.

»Warum holen die Lastwagen denn immer was aus deinem Haus heraus? Dann haben die Leute, die darin wohnen, ja gar nichts mehr an Einrichtung!« So könnte eine Frage mit einer anschließenden Begründung lauten, ohne zu verstehen, dass Andrea all das, was gerade in der Wohnung ist, endlich entsorgt, um schließlich in einem erinnerungsfreien und einem nicht mehr mit Vergangenheit negativ belegten »Haus« ein ganz neues Haus zu entwerfen, in dem es für sie wieder möglich ist, fröhlich zu leben.

»Warum gibst du dir denn keine Mühe, langsamer zu sprechen, um nicht so stark zu stottern?« könnte eine Frage sein, die Andrea mit Sicherheit nicht beantworten könnte und die sie stattdessen nur noch mehr daran erinnert, dass etwas nicht mit ihr stimmt.

»Willst du nicht auch mal mit anderen Kindern spielen?« könnte eine Frage an *Matthias* sein, die ihn aber dann in die Schwierigkeit bringen würde, auf seine »Freunde« zu verzichten, die ja gerade seine Anforderungen und Befehle erfüllen.

»Willst du dich nicht auch mal ganz freundlich mit deinen Freunden unterhalten?« könnte eine weitere Frage an Matthias sein, der dann in der Klemme sitzen würde. Er müsste dann riskieren, dass andere eben nicht für ihn sorgen.

»Warum spielst du nicht mal die Helferspiele, wo es eben keine Gewinner und Verlierer gibt?« könnte eine Frage sein, die Matthias sicherlich antworten ließe, dass er doch verzweifelt versucht, aus seiner Verliererrolle endlich herauszukommen, und nun auch mal der Sieger – so wie sein Vater – sein möchte. Und da er das zu Hause eben nicht erleben kann, sucht er sich den Ort, wo es für ihn möglich erscheint.

»Könntet ihr nicht erst fragen, ob ihr den Spiegel aus unserem Flur zum Spielen mitnehmen könnt?« hätte eine Frage von *Thomas'* Mutter sein können, ohne zu verstehen, dass beide Kinder dann erzählen müssten, was sie vorhaben.

»Könnt ihr nicht wie andere Kinder auch was anderes spielen?« hätte eine Frage von Thomas' Mutter sein können, ohne zu verstehen, dass es für beide Kinder gerade zum jetzigen Zeitpunkt wichtig war, ihre Zukunftsfrage aus ihrem Erleben zu beantworten.

»Warum spielt ihr denn nicht mit den anderen Kindern auf unserer Straße? Bestimmt würden sie sich freuen, wenn ihr dabei seid.« So hätte eine andere Frage an Katrin und Thomas lauten können, ohne akzeptieren zu können, dass beide Kinder nur für sich allein in ihrer zusammengebauten Hütte miteinander spielen wollten, geschützt vor den Blicken der Erwachsenen und vielleicht auch geschützt vor den Blicken anderer Kinder.

Kritiker dieser möglichen Fragen könnten nun sagen, dass die Anmerkungen Spekulationen sind – da haben sie durchaus Recht. Doch solche Versuche, den Blickwinkel von Kindern einzunehmen, helfen Erwachsenen zu begreifen, wie Kinder Vorschläge, Fragen oder korrigierende Hinweise aufnehmen und verstehen können. Fragen sollen neue Impulse bei Kindern auslösen und sie motivieren, andere Perspektiven zu entdecken. Diese bergen allerdings das Risiko in sich, dass Kinder vom eigenen Erleben abgelenkt werden.

Wir wollen Kindern dabei helfen, sich mit ihrem aktuellen Verhalten auseinander zu setzen. Solche Konfrontationen können Kinder jedoch dazu bringen, »dicht zu machen« oder ein schlechtes Gewissen zu entwickeln.

Die Welt der Kinder zu verstehen heißt vor allem, sie nicht mit unserer eigenen Gewissenhaftigkeit zu überfahren und ihnen damit automatisch eigenes Erleben zu beschneiden. Kinder leben in ihrer Gedanken-, Gefühls- und Handlungswelt, die der Welt der Erwachsenen in vielem widerspricht. Erwachsene verstehen Kinder, wenn sie deren Fragen mit Kinderaugen sehen und dann Antworten finden, die dem Verständnis der Kinder entsprechen. Und dabei ist es eben das Spiel – das Rollen- und Planspiel, das Bau- und Konstruktionsspiel, das freie Spiel mit Farben und Materialien, das Spielen im Haus und draußen –, das Erwachsenen einen Blick in das Innere der von Kindern erlebten Wirklichkeit vermittelt. Kinder verstehen sich als Regisseure ihrer Zeit und ihrer Erlebniswelt, in der sie ihre Innenwelt zur Außenwelt erklären. Ihre Außenwelt zu sehen und zu verstehen, um ihre Innenwelt zu begreifen, lässt Erwachsene behutsam und einfühlend selber in eine Welt eintauchen, in der mit Staunen erfahren werden kann, was Kinder aus dem Druck hilft. Vielleicht ist es wichtig, das viel benutzte Wort aus-drücken unter der vorigen Sichtweise zu sehen.

Mit Kindern leben, Tag für Tag,
ist immer schwer, macht gleichsam Spaß,
weil jeder Tag – genau gesehn –
so unendlich viele Erlebnisse bringt,
die früh am Morgen noch undenkbar war'n.
Nur ist es nicht so, dass wir als Erwachsne
weit mehr auf das schaun, was gestern war,
wo Ärger und Wut den Raum erfüllten
und kaum Platz für Ruhe und Zeit übrig blieb?
Abenteuer sind heute fast fremd,
es sei denn, das große Geschäft schlägt zu,
wo Filme und Fernsehn, weite Reisen
die letzten Abenteuer lebendig werden lassen.
Ein Irrtum – direkt in den eignen vier Wänden,
entwickeln sich Kinder, die springlebendig,
mit Wünschen nach Freiheit,
ins Abenteuer des Lebens stürzen.
Und hier beginnt für sie die Erfahrung,
dass Abenteuer nicht zulässig sind,
weil die Welt auf abenteuerfreudige Kinder
letztendlich nicht eingestellt ist.
Das Leben als Abenteuer mit Kindern zu sehn,
mit ihnen gemeinsam Gefahren zu bestehn,
schafft Freundschaft und Freude,
die lebenslang angenehm wirken.

Wie Kinder – nicht selten – verzweifelt versuchen, sich aus der Fülle alltäglicher Verwicklungen zu befreien

Kinder handeln aus dem Fühlen heraus

Kinder erleben das direkte Weltgeschehen um sich herum immer – ohne Ausnahme! – aus einer Perspektive des *Fühlens* heraus.

Ein Kind freut sich zum Beispiel, dass es endlich wieder gesund geworden ist und nun mit zu den Großeltern fahren kann. Ein anderes Kind freut sich unbändig darüber, dass es im Winter endlich so stark gefroren hat, dass es seine Schlittschuhe aus dem Keller holen und mit Freunden zum nahe gelegenen See marschieren kann. Ein anderes Kind wirft seine Spielsachen durchs Zimmer, weil es sich maßlos darüber ärgert, dass sein Freund es versetzt hat, obgleich die Verabredung ganz fest abgesprochen war. Ein anderes Kind ist darüber ärgerlich, dass sein Vater sein Versprechen nicht einhalten kann, mit ihm nächstes Wochenende ins Schwimmbad zu fahren, obwohl er es schon Wochen vorher angekündigt hat. Es reagiert mit den Worten: »Papa, du bist blöd! Immer gibst du ein Versprechen, und dann hältst du es nicht. Immer musst du arbeiten oder hast was anderes vor. Ich hasse dich!« Und anschließend rennt es in sein Zimmer und zerreißt die Bilder, auf denen es gemalt hat, wie sein Vater und es im Freibad schwimmen.

Ein anderes Kind sitzt weinend in der Küche und drückt seine ganze Traurigkeit aus, weil Mama vergessen hat, ihm bestimmte Klebebilder für sein Sammelalbum vom Einkauf mitzubringen. Ein weiteres Kind weint voller Trauer abends in seinem Bett, weil beide Elternteile lieber eine Fernsehsendung gucken wollen, als ihm eine Gutenachtgeschichte vorzulesen. Ein Kind sitzt mit großen Augen in der Ecke seines Zimmers und starrt gebannt auf seine Spielzeugkiste, weil es ganz fest davon überzeugt ist, dass es darin gerappelt hat. Immer stärker legt sich Angst über sein Denken, und als es das Kind gar nicht mehr aushalten kann, rennt es schreiend aus seinem Zimmer, flüchtet sich in die Arme seiner Mutter und berichtet schluchzend und zitternd davon, dass in seiner Spielzeugkiste ein großes Gespenst sitzt. Oder Oliver (sechs Jahre) sprintet mit Riesenschritten aus dem Keller, weil er sich ganz sicher ist, dass er dort eine »Räuberratte« entlangflitzen sah. Seine Gänsehaut ist unübersehbar, und vor Angst kann er kaum sprechen.

Kinder erleben ihr Umfeld – ihre Welt – aus dem Gefühl heraus und sorgen gleichsam dafür, in welchem Gleichgewicht oder auch Ungleichgewicht ihr Gefühlsleben steckt. Das ist für die Betrachtung der Entwicklung von Kindern deshalb von so hoher Bedeutung, weil das Gefühl die Grundlage des seelisch-geistigen Wachstums darstellt. Ohne eine gefühlsmäßige Stabilität ist eine Weiterentwicklung des Kindes nicht möglich.

Untersuchungen verschiedener Forscher und Forscherinnen zur Entwicklungspsychologie und -pädagogik las-

sen uns wissen, dass bei Kindern bis zum Alter von ungefähr siebeneinhalb Jahren ihr Denken und Handeln aus
dem Gefühl heraus entsteht.

Graphisch könnte der Entwicklungsaufbau wie folgt
skizziert werden:

Fühlen

⬇

Handeln

⬇

Fühlen

⬇

Denken

⬇

Nachdenken

Das bedeutet nichts anderes, als dass Kinder zunächst,
wenn sie etwas wahrnehmen (sehen, hören, riechen,
schmecken, tasten) oder einen Impuls, etwas tun zu wollen, spüren, in ein Ungleichgewicht ihrer Gefühle geraten, in dem ein Spannungspotenzial aufgebaut ist und
nach Entspannung »ruft«. Folgerichtig setzen Kinder
dann ihren Aktivitätsimpuls, etwas zu tun, in Handlung
um, indem sie etwas tun. Ist ihre Handlung erfolgt, holt
sie das Gefühl wieder dadurch ein, dass sie entweder die
Entspannung fühlen oder in ihrer Spannung weiter aufgebaut sind. Erst jetzt räumt die Physiologie den Kindern
die Möglichkeit ein, ihr Handeln mit Denken zu begleiten, um in einem weiteren Prozess zum Nachdenken zu
kommen.

Dazu ein paar Beispiele:

Marian hat seine Freundin Annelie schon lange nicht mehr gesehen. Beim Spazierengehen mit den Eltern sieht er sie aber plötzlich schon von weitem und wünscht nichts sehnlicher, als endlich wieder mit ihr zu spielen (es besteht das Spannungsverhältnis der Gefühle, einerseits mit ihr spielen zu wollen, andererseits im Augenblick noch nicht mit ihr spielen zu können). So läuft er, ohne links und rechts zu schauen, in ihre Richtung (Handeln), reißt seine Arme auf und will sie ganz lieb drücken. Beide Kinder knallen mit ihren Köpfen zusammen und weinen (Gefühl). Marians Mutter kommt hinzugelaufen und meint, sie hätten nicht so schnell aufeinander zulaufen sollen. Marian nickt, sagt, das war wohl falsch (Denken) und demnächst werde er vorsichtiger sein (Nachdenken).

Annelie ist wieder allein zu Hause, ohne ihren Freund Marian. Sie möchte aber gerne mit ihm spielen, was zur Zeit aber nicht möglich ist (Ungleichgewicht der Gefühle). Sie zieht sich ihre Jacke über und öffnet die Tür (Handlung), um zu ihrem Freund zu gehen. Die Eltern hören die Tür und fragen ihre Tochter, wohin sie denn noch so spät wolle. Sie erzählt von ihrem Vorhaben, das die Eltern sogleich verbieten. Annelie ist wütend und schimpft (Gefühl). Als die Eltern mit ihr ans Fenster gehen und ihr die Dunkelheit draußen zeigen, sieht sie ein, dass sie sich ihren spontanen Wunsch jetzt nicht erfüllen kann (Denken). Schließlich sagt sie: »Aber wenn's morgen hell ist, dann kann ich doch gehen.« (Nachdenken)

Marian liegt abends im Bett und wünscht sich so sehr, bei Annelie zu sein (Spannungsverhältnis der Gefühle: Einerseits würde er jetzt gerne bei ihr sein, andererseits ist es zur Zeit nicht möglich). Er springt aus seinem Bett, schiebt seinen Tisch in die Mitte des Raums, holt seinen Tuschkasten aus dem Regal, geht in das Badezimmer, um ein Glas

Wasser zu besorgen, und setzt sich zum Malen an den Tisch (Handlungen). Begeistert und ganz bei der Sache malt Marian ein wunderschönes Bild für Annelie. Als er fertig ist, betrachtet er sein Werk und ist glücklich (Gefühl). Das Bild wird er seiner Freundin schenken, die sich sicherlich darüber freuen wird (Denken). Wird er sie aber morgen treffen (Nachdenken), denn am Wochenende ist kein Kindergarten? – Marian wird unruhig: Einerseits will er Annelie unbedingt das Bild überreichen, andererseits ist er unsicher, ob es klappen wird (Ungleichgewicht der Gefühle). Er läuft zu seinen Eltern ins Wohnzimmer (Handlung) und äußert den Wunsch, jetzt bei Annelie anzurufen. Beide Eltern weisen auf die fortgeschrittene Zeit und Marian bockt: »Ich will aber jetzt anrufen. Immer darf ich nicht das tun, was ich will«, und enttäuscht trampelt er auf den Boden (Gefühle). Marians Eltern zeigen nochmals auf die Uhr. Marian beruhigt sich und meint: »Also gut, aber morgen, wenn ich wach bin, dann rufe ich an.« (Denken) Er steht eine Weile noch im Wohnzimmer und fängt an zu erzählen: »Also, dann kann die Annelie ja zu uns kommen und bei uns essen und schlafen. Das ist immer sooo schön. Wie letztes Mal ...« (Nachdenken)

Kinder handeln aus dem Fühlen heraus – nicht aus dem Denken. In Anbetracht dieser entwicklungsphysiologischen Tatsache wird deutlich, dass

- die Tätigkeiten der Kinder, ihre alltäglichen Handlungen, eine Folge aus der Erlebenswelt ihrer Gefühle sind,
- sich das Denken bei Kindern in vollem Maße nur dann entwickeln kann, wenn Kinder die Möglichkeit haben, sich von ihren Gefühlen her »sicher, gut« zu erleben,

● die Denkentwicklung gerade aus den vielfältigen Handlungsaktivitäten entsteht und auf- und ausgebaut werden kann.

Insoweit verwundern tägliche Beobachtungen nicht, wenn auffällt, dass es eine Reihe von Kindern gibt, die zum Beispiel trotz guter Intelligenz (plötzlich) in der Schule versagen, trotz unversehrter Sprachorgane stottern oder eine andere Sprach- beziehungsweise Sprechstörung haben, trotz körperlicher Gesundheit unvermittelt psychosomatische Beschwerden entwickeln, trotz des Beherrschens des Unterrichtsstoffes bei einer Klassenarbeit plötzlich einen Blackout zeigen oder trotz bester Voraussetzungen einfach nicht einschlafen können.

Immer ist es die Welt der Gefühle, die bestimmt, ob vorhandenes Wissen auch zum Zeitpunkt des Umsetzens zur Verfügung steht oder das Handeln dann in der Weise erfolgt, wie es von der Außenwelt erwartet wird.

Lassen Sie uns einfach ein paar Beispiele aus den vielfältigen Verhaltensweisen von Kindern herausgreifen, um die große Bedeutung der Gefühle noch besser beurteilen zu können:

Kinder können dann anderen besser zuhören, wenn sie eher ausgeglichen sind (das Gefühl der körperlichen Entspannung, des Ausgeglichenseins ist also die Voraussetzung zum Zuhören).

Kinder können sich dann schwierigen Aufgaben stellen, wenn sie den Anforderungen eher zuversichtlich gegenüberstehen (das Gefühl der Zuversichtlichkeit ist also die Voraussetzung dafür, sich schweren Herausforderungen zu stellen). Kinder werden dann anderen Menschen vertrauen, wenn sie sich selber eine ganze Menge zutrauen (das Gefühl des eigenen Zutrauens ist also die Voraussetzung dafür, anderen Menschen zu trauen).

Kinder können dann eine Aufgabe ein achtes, neuntes Mal wiederholen, um ihr Ziel zu erreichen, wenn ihre Bereitschaft, sich anzustrengen, hoch ist (das Gefühl der eigenen Kraft ist also die Voraussetzung dafür, nicht sofort ein misslungenes Vorhaben aufzugeben, sondern weitere Versuche zu unternehmen, selbst gesetzte Ziele zu schaffen).

Kinder werden dann keine Konzentrationsschwierigkeiten bei der Lösung von Vorhaben zeigen, wenn sich kein Grundgefühl von Unsicherheit in ihrer Seele breit macht (das Gefühl eigener Sicherheit ist also die Voraussetzung dafür, dass sich im Spiel- und Arbeitsverhalten Konzentration zeigt).

Kinder werden dann eine große Wahrnehmungsoffenheit besitzen, wenn sie weitgehend frei von Ängsten sind (das Gefühl der Sicherheit ist gleichfalls eine Voraussetzung dafür, dass Kinder vieles um sich herum wahrnehmen, was den Augen der Erwachsenen oftmals verborgen bleibt).

Kinder werden – unter Ausschaltung körperlicher Ursachen – dann eine gute Körperkoordinationsfähigkeit entwickeln, wenn sie sich sicher fühlen (das Gefühl der eigenen Sicherheit und Entspannung ist also die Voraussetzung dafür, grob- und feinmotorische Fertigkeiten in ein flüssiges Zusammenspiel zu bringen).

Kinder werden dann keine Schwierigkeiten haben, sich von ihren Eltern zu lösen, wenn sie gleichzeitig das tiefe Vertrauen erfahren haben, dass ihre Eltern zuverlässig sind (das Gefühl der Sicherheit ist also die Voraussetzung dafür, sich von vertrauten Personen für einen überschaubaren Zeitraum zu trennen).

Diese Beispiele können endlos fortgesetzt werden. Immer zeigt es sich, dass die Gefühle die Grundlage dafür bieten, sich in bestimmter Art und Weise zu verhalten. Deswegen – um es noch deutlicher zu sagen – ist es auch häufig völlig zwecklos, zum Beispiel

Konzentrationsschwierigkeiten bei Kindern mit »Übungen zur Konzentrationsfähigkeit«,
Trennungsängste von Kindern mit »gutem Zureden«,
Unausgeglichenheit durch »angeordnete Ruhephasen«,
Enttäuschungen durch »Mut-mach-Reden«,
ungenaues Mal- oder Schreibverhalten durch »Übungskurse«,
Kontaktarmut durch die Aufforderung, »mit anderen zu spielen«,
Regelverstöße durch »mahnende Rede und Strafpredigten«
oder Sprach-/Sprechstörungen durch »fleißiges Sprechenüben«

verändern zu wollen. Hier würde man nämlich versuchen, das Verhalten der Kinder zu korrigieren, ohne die eigentlichen Gefühlshintergründe zu beachten. Ursache und Wirkung würden gleichsam vertauscht und auf dem Rücken von Kindern ausgetragen werden.

Ganz ähnlich verhält es sich mit vielen körperlichen Krankheitserscheinungen bei Kindern, gerade wenn sie zum Beispiel trotz intakter Harnwege plötzlich wieder einnässen, trotz eines medizinisch intakten Schließmuskels wieder einkoten, trotz intakter Luftwege und bei voller Lungenfunktion plötzlich Atem- oder Asthmabeschwerden zeigen oder trotz Ausschlusses allergischer Reaktionen organischen oder umweltbedingten Ursprungs plötzlich Hautaffektionen zeigen.

Die Welt der Gefühle lässt sich im Bild einer Waage sehen, auf der erlebte Belastungen ein Ungleichgewicht herstellen. Diese suchen nach Wegen, sich aus-zu-drücken oder, wie es an anderer Stelle noch treffender gesagt wurde, aus dem Druck kommen zu wollen, um das Gleichgewicht wiederherzustellen.

Es ist bekannt, dass die inneren Organe des Menschen, seine Muskulatur und die Drüsen mit innerer Sekretion der Großhirnrinde untergeordnet sind und von ihr über das vegetative Nervensystem beeinflusst werden. Seelische und körperliche Vorgänge wirken zusammen und ergänzen sich, so dass der Körper zum Spiegelbild der Seele wird. Wenn Kinder sich in Widersprüche und Hoffnungen, in Wünsche und Realitäten verwickeln müssen, beginnen ihre verzweifelten Versuche – selbstverständlich unbewusst und unbeabsichtigt –, sich daraus zu befreien. Erwachsene bezeichnen diese Befreiungsversuche häufig und allzu schnell als Verhaltensstörungen, Verhaltensauffälligkeiten oder als abnormes Verhalten. Doch den Kindern ist es in diesen Phasen nicht möglich, sich auf andere Art und Weise auszudrücken.

So genannte Verhaltensstörungen sind also einerseits *Signalverhaltensweisen* (»Mir geht es zur Zeit schlecht!«) und andererseits *Problemlösungsversuche* (»Vielleicht komme ich so aus dem erlebten Drama heraus!«).

So schreibt Reinhard Voß aus ärztlicher Sicht treffend: »›Auffälliges Verhalten‹ von Kindern und Jugendlichen in den verschiedensten Erscheinungsformen bis hin zu physischen, psychosomatischen und körperlichen Erkrankungen ist eine *gesunde* Reaktionen auf eine *krankmachende* Lebenswelt. Das Kind setzt sich aktiv und handelnd mit einer problembeladenen, bedrückenden Lebenssituation auseinander. Auffälliges Verhalten ist als Problemlösungsversuch zu verstehen, der es den Kindern in konkreten sozialen Situationen ermöglicht, die jeweilige Konfliktsituation zu über-leben. Es hat zugleich eine vorbeugende Funktion, die das Kind vor schwereren Störungen und Erkrankungen schützt. Diese Notsignale sind Botschaften, die von uns – zusammen mit dem Kind – zu entschlüsseln und als gesellschaftliche und pädagogische Herausforderung anzunehmen sind. Nicht mehr die einseitige Beschäftigung mit dem Kind, nicht mehr die Fixierung auf die ›Störung‹, das ›Defizit‹, die ›Krankheit‹ bilden den Kern humanwissenschaftlichen Denkens und Handelns. Vielmehr steht die Auseinandersetzung mit dem Kind im Kontext seiner ganzheitlichen Lebenssituation im Zentrum«. (Reinhard Voß: »Hyperaktivität: Warum Philipp zappelt«, in: *Psychologie Heute*, Heft 6/1991)

Dies bedeutet nichts anderes, als bei allen »Auffälligkeiten« auf die

Sinnzusammenhänge zum Entstehen,

Lebenshintergründe,

eigentlichen Ursachen (nicht Auslöser) sowie

Lebenswelten und die Familiengeschichte

zu schauen. So können Eltern verstehen, warum ein Kind so reagieren muss, wie es das tut.

Immer wieder zeigt es sich in der Praxis im Umgang mit Kindern, dass Jungen und Mädchen, die

- »herrschsüchtig« sind, eine tiefe Angst in sich spüren, in vielen Situationen des Lebens zu kurz zu kommen; sie haben Angst, ein weiteres Mal zu kurz zu kommen;
- »passiv« sind, die Erfahrung gemacht haben, dass sie »nicht gut« waren; sie vermeiden daher das Risiko, schon wieder das Gefühl des »Versagers« zu spüren;

- »labil« sind, schon öfter erfahren haben, dass ein Sich-Festlegen mit großen Risiken verbunden ist und es nun besser zu sein scheint, ein solches Verhalten zu vermeiden;
- »aggressives« Verhalten zeigen, häufig erfahren haben, dass sie in ihrer Person wenig wertgeschätzt und geachtet wurden; ihr Problemlösungsverhalten besteht nicht selten darin, die Angst der erneuten Verletzung damit auszuräumen, lieber anderen eine Verletzung zuzufügen, als selber eine erneute Verletzung auf sich zu nehmen;
- »kontaktgestört« sind, mit den Ansprüchen und Erwartungen der anderen nicht umgehen können, weil sie häufig die Erfahrung machen mussten, dass andere vermeintlich stärker, besser, klüger sind; damit wird die Angst provoziert, sich selber erneut als »schwach, schlecht oder dumm« zu erleben;
- »streitsüchtig« sind, in einer tief verwurzelten Angst stecken, dass andere sie an den Lebensweisen »packen«, wo eigene Verletzungen tiefe Wunden und Narben hinterließen und wo damit das Gefühl der Schwäche zum aktualisierten »Trauma« führt;
- »überangepasst« sind, bisher die Erfahrung machen mussten, dass diejenigen, die weniger durch eigene Ansichten und eigene Verhaltensweisen »anecken«, leichter durchs Leben kommen; damit treten sie der Angst entgegen, aufzufallen und Stellung beziehen zu müssen;
- »einen übertriebenen Ehrgeiz« zeigen, die Erfahrung gemacht haben, dass Leistung offensichtlich das Einzige ist, was in den Augen der Erwachsenen zählt, und jedwede Form der Aufgabe mit einem Gefühl des »völligen Versagens« und der Aberkennung von Stolz durch Erwachsene verbunden ist;

- »spielgestört« sind, bisher in einem sozialen Klima groß wurden, in dem das Spiel eher eine untergeordnete Rolle zugewiesen bekam. Spielen beinhaltet damit die Angst, sich als Kind auf eine Tätigkeit einzulassen, die belächelt oder sogar in starkem Maße gering geschätzt wurde.

So genannte Verhaltensstörungen sind bei vielen Kindern der letzte Versuch, sich aus dem Leid herauszubringen, in dem sie stecken. Die Gefühle Spannung, Unlust oder Erregung stehen im Vordergrund, Gefühle wie Entspannung, Lust und Ruhe, die gleichsam zum Motor für eine positive Entwicklung werden würden oder könnten, kommen dagegen nicht an die Oberfläche. Heute leiden rund 45 Prozent aller Kinder bei uns unter Nervosität, Unruhe, psychosomatisch bedingten Rückenschmerzen und Magenbeschwerden, Schlafstörungen und Kopfschmerzen – Tendenz steigend. Und es scheint klar, dass bei den seelischen Schwierigkeiten von Kindern berechtigterweise der Faktor »Stress« oft der Auslöser ist.

Immer mehr Kinder

- trauen sich selber immer weniger und können damit anderen auch kein Vertrauen entgegenbringen;
- kritisieren eher andere, als dass sie sich selber kritisieren lassen; sie haben Angst, keine Beziehung mehr zum eigenen Gefühl von Richtigkeit zu spüren;
- sind besonders ehrgeizig, um wenigstens über Leistungsergebnisse, die sie den Erwachsenen präsentieren können, ein Mindestmaß an Aufmerksamkeit zu bekommen;
- zeigen deshalb nervöse Verhaltensweisen, weil sie immer weniger Möglichkeiten finden, sich von Erwartun-

gen auszuruhen und in einer Zeit der Stille zurückzuziehen, in der Angst, etwas zu verpassen;
- reagieren reizbar, weil sie das Gefühl in sich tragen, dass es anderen vielleicht besser geht als ihnen, und sie damit der Angst ausgesetzt sind, doch »nur in zweiter Reihe« ihr Leben gestalten zu müssen;
- reagieren aggressiv, weil sich das Gefühl des Zu-kurz-Kommens zum Lebensmuster entwickelt und die Angst lähmt, die unterschiedlichen Fassetten des Lebens zu sehen.

Solche Verhaltensweisen und Merkmale wurden früher fast ausschließlich bei Managern beobachtet, die von einem zum anderen Termin eilten, um den vielfältigen Anforderungen immer in vollem Maße zu entsprechen. Heute findet sich dies auch bei Kindern – bei Kindern von karrierebewussten und leistungsorientierten Eltern, die sich durch ihre erfolgsorientierten Lebensweisen nur dann zufrieden fühlen (können), wenn es im Lebensstil einen »Einklang« gibt.

Wenn Erwachsene sagen: »Jetzt habe ich dafür oder für dich keine Zeit«, dann gilt in den Ohren der Kinder eher folgende Aussage: »Da gibt es Dinge zur Zeit, die für mich wichtiger sind als du!« Wen verwundert es dann, wenn Kinder auf der Suche sind, ihre Angst des »Hinten-anstehen-Müssens« zu überspielen beziehungsweise mit anderen Tätigkeiten, Vorhaben oder Erlebnissen wettzumachen, um genau diese Angst zu unterdrücken!

Angst – ein zentrales Gefühl bei Kindern

Kinder leben, fühlen, handeln und denken heute häufig aus Angst. Am auffälligsten ist die Angst zu erkennen, wenn Kinder

● Angst vor dem Alleinsein,
● Angst vor dem Verlassenwerden,
● Angst vor Dunkelheit,
● Angst vor fremden Menschen,
● Angst vor unbekannten Situationen,
● Angst vor Krankheiten oder Krankheitserregern,
● Angst vor dem Versagen und
● Angst vor Gespenstern

haben und sie regelrecht gelähmt sind, sich den notwendigen Anforderungen zu stellen.

Weniger auffällig ist die Angst dort zu identifizieren, wo zunächst gar nicht erkennbar ist, dass sie Auslöser für ein anderes Gefühl ist, wie zum Beispiel bei

● aggressivem Verhalten,
● wütendem Schreien,
● lauthalsem Schimpfen,
● Reizbarkeit und
● ständiger Bewegungsaktivität.

Das Gefühl Angst zeigt sich damit in zwei unterschiedlichen Arten: einerseits in Rückzug, andererseits in Aggressivität.

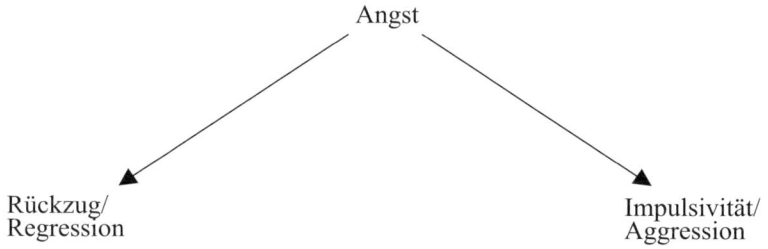

Angst

Rückzug/
Regression

Impulsivität/
Aggression

Kinder sind (ebenso wie viele Erwachsene), wie Franz Kafka im *Landarzt* sagt, »nackt, dem Froste des unglückseligsten Zeitalters ausgesetzt« und reagieren im täglichen Leben mit Verhaltensweisen wie Schlafstörungen, Magenschmerzen, Herzrasen, Kopfschmerzen oder Bluthochdruck.

Der Kampf der Kinder gegen erlebte, durch bestimmte Erwartungen oder Erfahrungen des Alltags ausgelöste Ängste zeigt sich in ganz unterschiedlichen »Maskierungen«, so zum Beispiel auch

● in Depressionen,
● in Antriebsschwächen oder Lethargie,
● in Darm- und Magenbeschwerden,
● in muskulären Verspannungen,
● in Abhängigkeitsstörungen.

Zu den ausgeführten Phänomenen ein paar Beispiele:

Mit der Zunahme der Spannungen zwischen den Eltern begann Steffen zu stottern und machte auch von Zeit zu Zeit wieder nachts ins Bett. Es wurde für ihn immer unerträglicher, den Kampf der Erwachsenen mitzuerleben, und so lief er eines Tages von zu Hause fort, um »bei Freunden oder auf der Straße zu wohnen«.

Johanna (fünfeinhalb Jahre alt) fiel zunächst im Kindergarten und dann auch auf dem Spielplatz auf. Sie suchte sich dann, wenn andere sie um etwas baten, was sie nicht erfüllen konnte, einen großen Stock und schlug auf die anderen Kinder ein. Bei genauerer Beobachtung stellte sich heraus, dass ihre »Opfer« vor allem Jungen waren. Bei einem Gespräch mit den Eltern erklärte die Mutter, dass sich ihr Mann sehnlichst einen Jungen gewünscht hatte und absolut enttäuscht war, als er erfuhr, dass er Vater einer Tochter geworden ist. Sie, die Mutter, bedauerte es sehr, dass ihr Mann die Tochter nun völlig übersah: Er schmuste nicht mit ihr, las ihr abends keine Bettgeschichten vor, unternahm nichts mit Johanna oder unterhielt sich auch kaum mit ihr. Johanna fühlte sich ungeliebt und überflüssig und half sich dadurch,»seelisch zu überleben«, indem sie die Jungen vertrieb, die – und das spürte sie deutlich – ihr ihre Existenz im übertragenen Sinne streitig machten. Ihre Angst, selber »Schläge« zu bekommen, ließ sie als Erste Schläge verteilen, um nicht auch im Kindergarten oder auf dem Spielplatz die gleiche Erfahrung des Abgelehntseins zu machen wie im Elternhaus.

Gerrit war bis zu seinem vierten Lebensjahr ein aufgeschlossener, lebendiger, neugieriger und aktiver Junge, bis sich sein Verhalten zu Hause und im Kindergarten radikal wandelte. Innerhalb einer Woche kam es zu Verhaltensveränderungen, über die sich alle Erwachsenen, die ihn kannten, wunderten. Gerrit zog sich plötzlich zurück, weinte schnell und wurde unselbständig. So konnte er seinen Anorak nicht mehr selber zuziehen, sein Frühstück nicht allein herrichten und konnte beziehungsweise wollte ohne Begleitung anderer nicht nach draußen gehen. Gerrit zog sich offensichtlich völlig zurück, und ein Gespräch mit der Mutter ergab folgendes Bild:

Manchmal habe ich solche Angst!

Seit kurzem war der Vater von zu Hause ausgezogen und wohnte nun bei einer »Freundin«. Sohn und Frau ließ er allein zurück. Die Mutter beklagte, dass ihr Mann schon immer – auch in der Zeit der Ehe – Beziehungen zu anderen Frauen hatte und dies nur konsequent sei, was er jetzt tat. Sie selber äußerte große Sorgen, dass Gerrit auch so werden könne, schließlich war er ähnlich wie ihr Mann aufgeschlossen und fröhlich. So informierte sie – ohne über die Folgen nachzudenken –, ihren Sohn über das unmögliche Verhalten seines Vaters und hoffte, »dass er nicht genauso werden würde« wie ihr Mann. Gerrit schien eine Beziehung zwischen seinen Verhaltensweisen und denen seines Vaters, den er sehr mochte, herzustellen und sah nun Parallelen zwischen sich und ihm. Von nun an »begab er sich wieder ganz in die Rolle eines kleinen Kindes«, das versorgt werden will und durch Inaktivität nicht in Gefahr geraten kann, Fehler – wie der Vater – zu machen. Seine Phantasie gipfelte in der Angst, dass er andernfalls auch von seiner Mutter verlassen werden würde, und dann hätte er niemanden, der für ihn sorgt, für ihn da ist. Diesem Risiko beugte er konsequent vor.

Kinder, die sich aus ihren Lebenserfahrungen heraus bedroht, überfordert, angegriffen und zerrissen fühlen, sind in ihren Gefühlen aus der Bahn geworfen und fühlen sich bedroht – weniger in ihrer Körperlichkeit als vielmehr in ihrer Seele, ihrem Selbstwertgefühl, ihrer Identität. Aggressive und regressive Verhaltensweisen sind damit nichts anderes als Befreiungsversuche oder Ausbruchmöglichkeiten aus ihrer Erlebniswelt, in der Kinder zur Zeit keine Chance sehen, sich wohl zu fühlen oder angenommen zu werden.

Dort, wo sich die Angst als Grundgefühl in Kindern ausbreitet, kommt es zu Einschränkungen der Leistungsfähigkeit, Liebesfähigkeit, Lernfähigkeit und Kommunikationsfähigkeit. Das ist bei Kindern nicht anders als bei Erwachsenen. So können Menschen

- sich nicht auf etwas Neues, etwas Unbekanntes einlassen, weil sie Angst davor haben, die auf sie zukommenden Aufgaben nicht zu schaffen;
- keine Verantwortung für andere übernehmen, weil sie in ihrer eigenen Angst spüren, dass auch niemand für sie selber Verantwortung trägt;
- sich nicht auf neues Wissen einlassen, weil sie sich in der Angst befinden, dass offensichtlich auch das alte Wissen, das sie sich mehr oder weniger mühsam erarbeitet haben, unbrauchbar geworden ist;
- sich nicht mit Ausdauer auf *eine* Sache einlassen, weil sie in der Angst stecken, dass während der Kontinuität einer Beschäftigung etwas passieren kann, dessen Folge sie nicht überblicken können;
- sich nicht auf eine liebende Beziehung einlassen, weil sie erfahren mussten, dass »Liebe« für sie etwas ganz Vergängliches, ja Gefährliches ist, mit der sie teilweise furchtbar enttäuscht worden sind;
- nicht ihre Kommunikationsfähigkeit ausbauen, weil sie erfahren haben, dass ihre eigenen, vielen Kommunikationsanstrengungen offensichtlich unbrauchbar und überflüssig sind.

Clemens (sechs Jahre) wird von seinem Vater »zur Rechenschaft« gezogen. Trotz wiederholter Aufforderungen hat er auf dem Nachhauseweg von der Schule getrödelt. Vater und Sohn stehen sich gegenüber, und der Vater fragt Clemens lautstark, warum er immer trödelt: »Genügt es denn nicht, wenn ich dir klar und deutlich sage, dass du zügig nach Hause kommen sollst? Schau mich an, wenn ich mit dir rede. Das ist ja wohl die Höhe, dass mein Herr Sohn offensichtlich gar nicht zuhört, wenn ich mit ihm rede. Du weißt genau: Nach der letzten Schulstunde hast du zu kommen. Was deine Schulkameraden noch machen, interessiert mich nicht. Ich will, dass du pünktlich hier erscheinst. Ist das ein für alle Mal klar?«

Clemens guckt auf den Boden, hat Tränen in den Augen und sagt nichts. Das ärgert nun seinen Vater so sehr, dass er ihm eine Ohrfeige gibt und ihn in sein Zimmer schickt. »Für eine Stunde bleibst du drin und überlegst dir mal genau, was ich gesagt habe. Das wäre ja noch schöner, wenn mir mein Herr Sohn vorschreibt, wie lange ich zu Hause auf ihn zu warten habe.« Clemens geht in sein Zimmer und fängt damit an, seine Spielzeugkisten auszukippen. Schon geht die Tür wieder auf. Der Vater schaut sich das »Chaos« an und ergänzt: »Du sollst nicht spielen, sondern nachdenken. Räum sofort wieder deinen Kram in die Kisten und setz dich aufs Bett. In einer Stunde sagst du mir dann, was dir zu meinen Worten eingefallen ist.« Rums – die Tür schlägt zu. Clemens streckt die Zunge raus und »macht Faxen«.

So weit das Beispiel. Die Gründe, warum Clemens nichts gesagt hat, können möglicherweise darin liegen, dass er

● aus seiner Angst heraus – vielleicht vor weiteren Ohrfeigen – gar nichts sagen konnte, weil er ahnt, dass jede Verteidigung in diesem Fall sinnlos ist;
● genau deshalb später nach Hause gekommen ist, weil er

mit seinen Freunden im Anschluss an den Schulbesuch Freude und Spaß erlebt, also etwas erfährt, was er zu Hause vermisst. Was würde es wohl für ihn bedeuten, wenn er das seinem Vater erzählt?

Strafendes Verhalten schadet dem Aufbau von sozial erwünschten Verhaltensweisen und provoziert aggressive Gefühle. Clemens' Angst und die erlebte Strafe werden sicherlich eine Verschlechterung der Beziehung von Vater und Sohn zur Folge haben, womit weder Clemens noch seinem Vater gedient ist. Strafen, die zudem Angst erzeugen oder aus der Angst heraus Aggressionen provozieren, führen dem Kind seine ganzen Unzulänglichkeiten vor Augen und vermindern somit seine Selbstachtung.

Clemens zeigt uns mit seinen Verhaltensweisen eine ganze Menge dessen, was er kann:

- Clemens schweigt, weil er ahnt, dass alles, was er sagen würde, keine Anerkennung finden wird.
- Er schaut auf den Boden, weil er spürt, dass ein Augenkontakt die Wut seines Vaters noch größer werden lassen kann.
- Er schüttet seine Spielsachen aus den Kisten, weil er auch selber Möglichkeiten braucht, sich abzureagieren, denn Wut (aus der Angst heraus) will ausgedrückt und nicht ständig verdeckt werden. Würden sich Menschen für Letzteres entscheiden, besteht die große Gefahr, dass psychosomatische Störungen entstehen oder weiter ausgebaut werden.

Um sich aus diesen Verwicklungen zu befreien, lässt ihn sein Gefühl im Augenblick das tun, was aus seiner Sicht das einzig Richtige ist: Clemens schweigt und lässt seine Wut dort raus, wo er – zumindest vermeintlich – außer Gefahr zu sein scheint, ein zweiten Mal bestraft zu werden. Clemens zieht sich zurück und baut – wenn auch sehr zaghaft – seine Aggression über das Grimassenschneiden und das laute Ausschütten seiner Spielzeugkisten ab. Dass sein Vater dann noch seine Spielsachen als »Kram« deklassiert, verletzt ihn nur noch tiefer. Diese Auseinandersetzung befindet sich im Stadium des »Machtkampfes« nach dem Motto »Der Stärkere ist Sieger, der Schwächere ist der Verlierer«, und Clemens gibt in der Gewissheit nach, dass »Kampfverschärfungen« zu weiteren Bestrafungen führen werden oder können.

Carmen trägt mit ganzem Stolz ihre neuen Schuhe, die sie endlich von ihren Eltern geschenkt bekommen hat. Es sind teure Fellschuhe. Vielen Kindern zeigt sie ihren neuen Besitz. Am Nachmittag – die Eltern sind nicht zu Hause – geht Carmen zum Spielen, wissend um den Rat der Eltern, ihre »guten« Schuhe vorher auszuziehen und ein anderes Paar anzuziehen. Sie tut es dennoch nicht, weil sie sich fest vorgenommen hat, vorsichtig zu sein und aufzupassen. Zusammen mit ihrer Freundin geht sie auf ein nahe gelegenes Feld, auf dem die ersten Wasserpfützen durch den Nachtfrost zugefroren sind. Und – natürlich – bricht eine Eisdecke ein, auf der Carmen steht, und sie landet mit ihren schönen, neuen Schuhen im Matsch. Betroffen verabschiedet sie sich von ihrer Freundin und versucht zu Hause verzweifelt, den Schmutz von ihren Schuhen abzuwischen. Doch je mehr sie reibt, desto tiefer scheint sich der Dreck in das Fell einzugraben. Carmen weint. Sie ist selber entsetzt und möchte zusätzlich nicht auch noch ihre Eltern enttäuschen.

Da hat sie eine Idee: Sie nimmt die Schuhe, setzt einen Topf mit Wasser auf die Herdplatte, legt die Schuhe ins heißer werdende Wasser und »kocht sie aus«. In dem Augenblick kommen die Eltern nach Hause und sehen ihre Tochter in der Küche, die ganz aufgeregt schreit: »Mama, Papa, dann sehen die Schuhe wieder aus wie neu!« Die Eltern sind fassungslos. Sie fragen allerdings nicht nach den Hintergründen, sondern reißen den Topf vom Herd, schütten den Inhalt in die Spüle und schicken ihre Tochter aufs Zimmer.

»Seht doch, was ich alles kann« – so oder ähnlich könnte Carmen ihre Aktivität erklären. »Ich kann einen Schaden, den ich angerichtet habe, wieder gutmachen. Ich kann die Schuhe säubern und mache euch keine Arbeit. Ich fange nicht an zu lügen, dass zum Beispiel andere Kinder meine Schuhe verschmutzt haben, sondern gebe mit dem Wiedergutmachen zu, dass *ich* es war. Seht doch, was ich alles unternehme, um den Schaden zu begrenzen.« Sicherlich – doch das ist hier nicht die Frage – ist das Mittel, das Carmen gewählt hat, nicht dazu geeignet, den Schaden wieder gutzumachen, aber es ist die Absicht, die Motivation, die Idee, die zunächst bemerkenswert ist. Das können viele Erwachsene – auch in ähnlichen, vergleichbaren Situationen – nicht sehen.

Carmen ist so überrascht und von schlechtem Gewissen geplagt, dass sie sich in ihrem Zimmer ganz ruhig verhält und ängstlich darauf wartet, dass ein großes »Donnerwetter« über sie hereinbricht. Doch glücklicherweise haben die Eltern beim Anblick des kochenden Schuhwassers lächeln müssen und können sich vorstellen, welche Höllenqualen ihre Tochter nun im Zimmer erlebt. Leise öffnen sie die Türe und sagen »nur«, dass es jedem einmal passieren kann, auch neue Schuhe zu verschmutzen. Carmen springt aus ihrer Ecke und fällt ihrem Vater in die Arme. Schluchzend erzählt sie, was und wie es passiert ist. Es tut ihr sichtlich gut, sich auszuweinen und ihre ganze Anspannung abzuladen. Gemeinsam überlegen Eltern und Kind, was denn nun unternommen werden kann, um die Schuhe noch zu retten.

Florian, Sohn einer allein erziehenden, berufstätigen Mutter, hat fest versprochen, am Nachmittag pünktlich nach Hause zu kommen, weil sich die Mutter extra einen halben Tag freigenommen hat, um mit ihm die Sternwarte zu besuchen. Wer um 14 Uhr nicht zu Hause ist, ist aber Florian. Seine Mutter wartet, und schließlich, eineinhalb Stunden über die Zeit, kommt der Sohn ganz erschöpft heim. »Mama, das musst du einfach wissen. Bei Benni (seinem Freund) nebenan wird ein altes Haus abgerissen, und da waren wir dabei. So was hast du noch nicht gesehen.« Die Mutter unterbricht ihren Sohn. »Florian, weißt du eigentlich, dass ich schon ganz lange auf dich warte? Wir waren verabredet und wollten zur Sternwarte. Jetzt ist es zu spät.« Florian kriegt einen großen Schreck – ihm wird abwechselnd heiß und kalt. »So ein Mist, ich hab's vergessen«, schießt es aus ihm heraus. Sie sagen sich noch ein paar Worte, und jeder geht dann seiner eigenen Tätigkeit nach. Die Mutter erledigt ihre Briefpost, und Florian geht auf sein Zimmer spielen.

Am nächsten Tag – Florian ist auf dem Weg vom Kindergarten nach Hause – sieht er in dem kleinen Park wunderschöne Blumen. »Darüber wird sich Mama freuen«, und gesagt, getan pflückt er einen großen Strauß zusammen. Zu Hause stellt er die Blumen in eine Vase und am Abend, als seine Mutter von der Arbeit nach Hause kommt, überreicht er die Blumen. »Woher hast du die denn?«, fragt Florians Mutter in dem Wissen, dass es nicht mit rechten Dingen zugehen kann. »Die sind für dich, Mama, weil ich unsere Verabredung verschwitzt habe.« »Sind die nicht aus dem Park?«, fragt Florians Mutter ein zweites Mal. »Ja, für dich. Da standen ganz viele, und diese hier schenke ich dir.« Die Mutter ist leicht entsetzt: »Stell dir mal vor, jeder würde sich die Blumen aus dem Park mitnehmen, die er braucht oder haben will. Das geht nicht. Das ist Diebstahl. Diese Blumen möchte ich nicht haben.« Florian versteht die Welt nicht mehr. Mutter sollte sich doch freuen und nicht ärgerlich werden. Er wollte doch nicht stehlen, sondern etwas wieder gutmachen.

An dieser Stelle sollte eine Anmerkung gemacht werden: Kindern – wie in diesem Fall – einen Diebstahl zu unterstellen oder deutlich zu moralisieren führt dazu, dass Kinder sich unverstanden fühlen müssen! Nichts lag Florian ferner, als seine Mutter ein zweites Mal zu enttäuschen. Kinder tragen ihre Absicht aus gutem Willen in die Handlungsweisen, von denen sie das Gefühl haben, dass es im Augenblick helfen kann, erlebte Belastungen zu entlasten. Moralische Bewertungen und Wortzuordnungen wie »Diebstahl« entstammen der Erwachsenenwelt. Natürlich geht es nicht an, dass Blumen in Parks grundsätzlich von jedem gepflückt werden, nur:

- Florian ist nicht »jeder«;
- er handelte aus einem subjektiv schlüssigen Grund;
- er tat es, weil er sich entschuldigen wollte und wusste, dass seine Mutter gerne Blumen mag;
- er wollte um Verzeihung bitten und musste jetzt die Erfahrung machen, dass auch das nicht gesehen wurde.

Missverständnisse zum Verhalten von Kindern und Eltern tragen dazu bei, dass sich *beide* Seiten nicht verstanden fühlen. Da sie aber realistisch und zum festen Bestandteil des Lebens gehören, geht es darum, dass Missverständnisse aufgedeckt, entlarvt und korrigiert werden, damit es zu einem gegenseitigen *Verstehen* kommen kann.

Kinder fühlen sich mehr ein in die Welt des anderen, als es Erwachsene tun – wir sollten daraus die Konsequenz ziehen, noch mehr auf Kinder zu achten und von ihnen zu lernen.

»Seht doch, was ich alles kann. Ich versuche, mich aus den Verwicklungen dieser Welt zu befreien.« So lautet das Angebot, das Kinder uns machen und bei dem sie darauf warten, in den Erwachsenen Bündnispartner zu finden. Dies gilt übrigens für behinderte und nicht behinderte Kinder gleichermaßen.

Dazu ein Beispiel: In einer Einrichtung für Kinder und Jugendliche, die wegen ihrer Behinderungen in einem Heim untergebracht waren, zeigten viele der behinderten Kinder so genannte autoaggressive Verhaltensweisen. Sie bissen sich selber in die Arme und Hände, schlugen sich stark auf den Kopf, bohrten mit ihren Fingern tief in Körperwunden und bissen sich schließlich in ihren ganzen Körper, so dass sie notgedrungen an ihre Betten festgebunden wurden.

Bei einem Besuch des Heims wurde deutlich, dass dort vieles nicht kindorientiert war:

● Die Mitarbeiterinnen verwendeten ihre gesamte Arbeitszeit auf die rein körperliche Pflege und Versorgung, letztere in einer Art, die zum Beispiel beim Essen durch den Mitarbeiterinnensatz »Wir müssen jetzt die Kinder › abfüllen‹ « am besten charakterisiert werden kann.

- In der übrigen Zeit überließen die Mitarbeiterinnen die Kinder und Jugendlichen sich selbst; sie zogen sich ins Sprechzimmer zurück, tranken ihren Kaffee oder machten private Besorgungen.
- Differenzierte Entwicklungsunterstützungspläne gab es nicht, zumal die Mitarbeiterinnen meinten, dass bei diesen Kindern »auch eine Förderung wenig bringt«.
- Spielmittel oder Spielzeuge waren kaum vorhanden, so dass die Kinder und Jugendlichen wenig angeregt waren, sich mit für sie attraktiven Tätigkeiten zu beschäftigen.
- Die Räumlichkeiten befanden sich in einem traurigen Zustand – es hingen kaum Bilder an der Wand, das Mobiliar war schmutzig und dunkel, die Räume selbst waren voll gestellt mit Tischen und Stühlen, wobei fraglich war, wozu das ganze Mobiliar gebraucht wurde.
- Die Mitarbeiterinnen gingen höchst selten mit den Kindern und Jugendlichen nach draußen; eine Befragung ergab, dass es personell nicht einzurichten sei.
- Die Kinder und Jugendlichen waren in trostlosen Mehrbettzimmern untergebracht und mussten sich unwillkürlich nachts gegenseitig stören.

Rundum – ein deprimierender Zustand auf allen Ebenen. Es war deutlich, dass es einen möglichen Zusammenhang zwischen den desolaten Gruppenzuständen und den autoaggressiven Verhaltensweisen der Bewohnerinnen und Bewohner gab. So wurde in einem kurzfristigen Planungsvorhaben der Umbau der Räumlichkeiten beschlossen, unter gleichzeitiger kontinuierlicher Fortbildung aller Mitarbeiterinnen. Gesagt, geplant, getan: Nachdem die Umbaumaßnahmen abgeschlossen waren, die Mitarbeiterinnen Möglichkeiten fanden, sich auch menschlich-therapeutisch den Kindern und Jugendlichen zu widmen, attraktives und behindertengerechtes Spielzeug angeschafft wurde und die Räumlichkeiten mit großzügigem Platz und einer ansprechenden Atmosphäre versehen waren, die Mitarbeiterinnen mit den Kindern und Jugendlichen auch draußen auf dem angelegten Spielplatz einen festen Teil des Tages verbrachten, veränderte sich auch ihr Verhalten: *Alle* Kinder und Jugendlichen stoppten ihre autoaggressiven Handlungsweisen und eröffneten sich eine Welt, in der sie wieder lachen konnten und Glück empfanden.

»Seht doch, was ich alles kann« – so oder in einer ähnlichen Weise haben uns die Kinder und Jugendlichen zu Beginn gezeigt, dass sie ihre aggressiven Äußerungen gegen das, was sie vorfanden, *nur gegen sich selber richten konnten.* Dort, wo Aggression unterdrückt wird und aggressives Verhalten berechtigt ist, dort bleibt Menschen nichts anderes übrig, als die Wut gegen sich selbst zu richten. Ihr autoaggressives Verhalten war gleichsam für sie die einzige und letzte Chance, ihren Unmut kundzutun.

»Seht doch, was ich alles kann« – so oder in einer ähnlichen Weise haben die Kinder und Jugendlichen *nach* den Veränderungen ihre Entwicklungsfortschritte zugelassen und demonstriert, was noch alles in ihnen an Potenzen steckt. Sie begannen damit, ihre Möglichkeiten der Entwicklung zu nutzen, als sie spürten, dass es sich wieder in ihrer Welt lohnte, zu *leben.* Ihre autoaggressiven Gewaltausbrüche voller Ohnmacht gegen sich selbst waren auch hier verzweifelte Versuche, sich aus den geschlossenen Verstrickungen und täglichen Verwicklungen zu befreien – koste es, was es wolle.

Vor über 60 Jahren drückte Lew S. Wygotskij einen Wunsch »in Sachen Sonderpädagogik« aus, der bis in die heutige Zeit seine Berechtigung hat:

»Möglicherweise ist die Zeit nicht mehr fern, da die Pädagogik es als peinlich empfinden wird, von einem defektiven Kind zu sprechen, weil das ein Hinweis darauf sein könnte, es handele sich um einen unüberwindbaren Mangel der Natur.

In unseren Händen liegt es, so zu handeln, dass das (behinderte) Kind nicht defekt ist. Dann wird auch das Wort selbst verschwinden, das wahrhafte Zeichen für unseren eigenen Defekt.«

Was Erwachsene
von Kindern lernen können

**Um klar zu sehen,
genügt oft ein Wechsel der Blickrichtung.**

Antoine de Saint-Exupéry

Kinder leben im Hier und Jetzt

Marius, sechs Jahre alt, bleibt während des gemeinsamen
Familienspaziergangs plötzlich auf dem Bürgersteig stehen, geht in die Hocke und fängt fasziniert an, sich mit
sich selber zu unterhalten.»Ich weiß doch auch nicht, wie
du dahin kommst. Auf jeden Fall ist das kein guter Platz.
Wenn ich dich nicht gesehen hätte, dann wäre ich vielleicht draufgetrampelt. Oder ein Fahrrad macht dich einfach platt. Einfach so. Und du weißt gar nicht, wie schnell
das alles kommen kann. Ich würde mal gucken, dass ich
hier an deiner Stelle von dem Bürgersteig runterkomme.
Oder hast du etwa Lust, einfach so zu sterben?«

Die Eltern von Marius werden schon ungeduldig, sind
sie doch weitergegangen, und schütteln einmal mehr ihren Kopf über das Trödeln ihres Sohnes.»Was hast du
nun schon wieder entdeckt?« Leicht gereizt ruft der Vater
diese Worte seinem Sohn zu.»Du, Papa, da ist ein ganz di-
cker Regenwurm auf dem Bürgersteig, und seine Haut
sieht schon leicht angetrocknet aus. Gehören Regenwürmer nicht ins Gras oder in die Erde, da, wo es feucht ist

und sie sich vor Vögeln verstecken können?« – »Nun komm endlich und lass den Wurm da liegen. Wir wollen doch noch zum Spielplatz kommen, bevor es zu spät wird.«

Marius bleibt in der Hocke, dreht sich nicht zum Vater um, sondern setzt sein Gespräch fort. »Kriech mal in die andere Richtung, da ist doch Gras, und da kannst du dich verstecken.« Nun schaut er zu seinen Eltern rüber. »Papa, haben Regenwürmer eigentlich Augen? Können sie eigentlich sehen, wohin sie gehen, oder sind Regenwürmer blind?« Die Eltern werfen sich einen genervten Blick zu. »Marius, nun komm endlich und lass das Tier da liegen. Oder wir gehen ohne dich.« Die Tonart des Vaters hat schon eine Stufe mehr an Gereiztheit und Schärfe. Schließlich steht Marius auf, hebt den Regenwurm auf und trägt ihn ins Gras. Vorsichtig legt er ihn hin, pult mit seinem Finger ein kleines Loch in die Erde, setzt ihn da hinein und häufelt die Erde wieder vorsichtig über das Tier. »So, nun wird's dir besser gehen. Hier bist du geschützt, und keiner – nur ich – weiß, dass du hier liegst.« Dann rennt er zu seinen Eltern.

»Sag mal, hast du den Regenwurm angefasst? Du hast ja auch ganz dreckige Finger. Also Marius, wisch dir erst mal die Hände hier am Papiertuch ab, und wenn wir auf dem Spielplatz sind, dann hoffe ich nur, dass da ein Wasserhahn ist, wo du deine Hände waschen kannst. So, und nun komm weiter. Wir können nicht den ganzen Tag hier stehen bleiben.«

Mit diesem Beispiel lässt Marius uns vor allem an einer seiner starken Verhaltensweisen teilhaben: Kinder haben mehr Zeit, und wir Erwachsenen glauben häufig, die Zeit laufe uns davon. Schön passt in diesem Zusammenhang ein altes Sprichwort, das da heißt: »Als Gott die Welt erschuf, schenkte er den Europäern die Uhr und den Afrikanern die Zeit.« Sekunden, Minuten und Stunden des Tages sind nicht dazu da, verplant zu werden und um möglichst viel in möglichst kurzer Zeit zu erleben wie in einer Aneinanderreihung von Spots. Kinder zeigen uns häufig, wie intensiv Zeit gelebt werden kann. Die Entwicklung von Fähigkeiten, Fertigkeiten und Begabungen ist immer abhängig vom Faktor Zeit, der von Kindern und Erwachsenen dafür gebraucht wird, etwas zu verstehen, Fragen für sich persönlich zu beantworten, Gedanken zu ordnen und etwas wirklich zu begreifen. Entwicklungen ohne Zeit werden daher zu neuen Verwicklungen, die entsprechend neue Fragen aufwerfen und neue Probleme provozieren. Kinder leben uns Erwachsenen die nutzbare Zeit vor: den eigenen Zeitrhythmus.

Neugierde

Kilian (sieben Jahre) findet auf dem Weg zur Schule in einem abgestellten Sammelsurium von Sperrmüllsachen ein altes Radio. Er ist davon völlig fasziniert, nimmt es in die Hand, dreht an den Knöpfen, baut mit Hilfe eines Geldstückes die verschraubte Rückwand des Gerätes ab und lässt sich von den vielen Schaltkreisen und Platinen in die Welt der Technik hineinziehen. Als Beobachter merke ich deutlich, dass er sich fragt, ob es vielleicht doch noch funktioniert, ob er es mitnehmen soll, ob es sich lohnt, das Radio nach Hause zu tragen, oder ob es vielleicht doch so kaputt ist, dass es zu Recht im Sperrmüll gelandet ist. Aber vielleicht kann es ja doch noch repariert werden? Immer wieder schaut er sich das Radio an, legt es dann kurze Zeit weg, greift es wieder auf, guckt hinein, prüft das Aussehen und kann sich nicht so recht entscheiden, was er denn nun wirklich unternehmen soll.

Währenddessen kommt ein Erwachsener vorbei, ein gut gekleideter Herr mittleren Alters, bleibt bei Kilian stehen und meint: »Das Radio ist doch sowieso kaputt, wenn es hier abgestellt ist. Oder glaubst du wirklich, dass jemand so dumm ist, ein funktionierendes Radio auf den Sperrmüll zu geben? Leg's mal wieder weg und geh lieber zur Schule. Das lohnt sich hier wirklich nicht.«

Kilian zeigt uns mit seinem Verhalten etwas, das Erwachsenen immer mehr verloren geht – *Neugierde*. Sich nicht mit etwas abzufinden, von dem ich stark vermute, dass es so oder so sein wird, sondern sich zu fragen, wie es vielleicht *wirklich* ausschaut. Schon der Begriff »Neugierde« ist es wert, kurz betrachtet zu werden: mit Gier etwas Neues erfahren, sich einer Sache zuwenden, von der ich nicht hundertprozentig weiß, was dahinter steckt, ob es klappt, wie eine Lösung für ein Problem vielleicht gefunden werden kann und wie groß die Möglichkeiten sind, eben doch etwas ganz Neues herauszubekommen. Neugierde ist bekannterweise die Grundlage zur Entwicklung der Intelligenz, und Kindern ihre Neugierde zu nehmen bedeutet demnach automatisch, sie auch in ihrer Intelligenzentwicklung zu beschneiden. Neugierde ist der Motor, die Kraft und der Impulsgeber, sich immer wieder mit etwas Neuem auseinander zu setzen, um die vielen Fragen zu beantworten, die uns täglich begegnen.

Wenn Neugierde unterdrückt oder gar getötet wird, geschieht Folgendes: Zum einen wird das Interesse, etwas zu verstehen, immer kleiner und geringer, mit der Folge, dass das Geschehen um die Person herum immer uninteressanter wird. »Was kümmert's mich, was dort passiert«

Ich möchte einfach wissen, wie so ein Baum genau ausschaut.

ist dann eine der häufigsten Einstellungen, die immer mehr zunimmt. Zum anderen trägt fehlende Neugierde dazu bei, in eher einfachen Strukturen zu denken und die Welt eher in »Schwarzweißkategorien« aufzuteilen. Hier finden Vorurteile und starre Weltbilder ihren fruchtbaren Boden, weil es ja viel einfacher ist, sich an gefestigten Mustern zu orientieren.

Neugierde ist demnach eine lebendige Quelle, Vorurteile zu verändern, Handlungsmuster aus ihren verfestigten Schienen herauszuholen und neues Denken weiterzuentwickeln. Dass dabei auch einmal die Zeit »vergessen« wird, so wie es bei Kilian der Fall war, weil er ja eigentlich auf dem Weg zur Schule gewesen ist, ist völlig normal und gut. Und Erwachsene können sich entscheiden, Neugierde als ein ganz wesentliches Element für die Entwicklung von Fertigkeiten und Fähigkeiten zu unterstützen. Neugierde hat aber auch ihren Preis, indem sie dazu beiträgt, dass Kinder lebendiger, wissensdurstiger und aktiver sind. Neugierige Kinder sind anstrengende Kinder – der »Preis« lohnt sich aber immer für Kinder und Erwachsene. Ein Preis, den beide Seiten verdient haben, um miteinander zu wachsen.

Ausdauer und konzentrierte Aufmerksamkeit

Auf dem großen Außengelände eines Kindergartens steht Yvonne (vier Jahre) und schaut seit geraumer Zeit auf die Außenumzäunung des Sandkastens. Immer und immer wieder blickt sie sich um. Vielleicht hofft sie, dass ein anderes Kind zu ihr kommt, damit es auch sieht, was sie betrachtet. Schließlich winkt sie Jana, ihre beste Freundin, zu sich hin, und beide starren gebannt auf die Ecke des einen

Umzäunungsholzes.»Guck mal, Jana, da schleppt eine Ameise ein Stückchen von meinem Butterbrot. Und das ist doch viel, viel größer als die Ameise selbst. Die muss Kraft haben. Jetzt zieht sie sogar rückwärts, und schon geht's besser. Und andere Ameisen helfen ihr gar nicht. Ob sie die nicht rufen kann? Jetzt klettert sie sogar über das Brotstückchen. Die sucht bestimmt eine andere Stelle zum besseren Festpacken. Mensch, muss die aber gute Zähne haben.« Währenddessen wirft Jana locker ein, die geht bestimmt immer regelmäßig zum Zahnarzt. Yvonne überlegt zuerst verdutzt und dann kichern beide Mädchen um die Wette.

Offensichtlich scheint die Ameise am Ende ihrer Kräfte angelangt zu sein, denn beide Mädchen stürzen in den Kindergarten und kommen mit ein paar Zuckerkrümeln und einem Teelöffel voller Kondensmilch zurück. »Ameisen müssen auch zwischendurch mal was essen und trinken«, behauptet Yvonne kurzerhand und mit fester Stimme. Vorsichtig träufeln sie etwas Milch neben die Ameise und streuen die Zuckerkrümel dazu. »Guck mal, guck mal«, ruft Yvonne ganz aufgeregt, »die Ameise hebt jetzt ihre Fühler. Bestimmt riecht sie Milch und Zucker. Oder sollen wir ihr was helfen?« Yvonne schüttet den Rest der Milch vom Löffel und gibt dem Brotstückchen einen Schubs, mit der Folge, dass die Ameise wegläuft. »Ob die sich erschrocken hat oder ihre Freundinnen holt? Oder ob die Angst vor uns hat? Mal gucken, wohin die jetzt läuft. Da seh ich sie noch. Jetzt macht sie Halt. Ob sie sich ausruht? Also wenn ich so laufen würde, Mensch, da wär ich aber auch kaputt.« Yvonne verfolgt dann gemeinsam mit Jana den weiteren Weg der Ameise. Und das für fast eine Stunde.

Vielleicht mag uns Erwachsenen die Beobachtung oder die Zeitspanne der Betrachtung »witzig« vorkommen.

Doch Yvonne ist ganz aufmerksam und konzentriert über einen solch langen Zeitraum ganz bei der Sache. Gerade Kleinigkeiten binden die Wahrnehmungsfähigkeit mancher Kinder, und es ist faszinierend, mit welcher *Ausdauer* Yvonne mit ihrer Freundin dabei ist, Abläufe zu beobachten, zu erklären, sich selber oder gegenseitig zu verdeutlichen. Solche Aufmerksamkeit, die zeitintensiv ist und für viele Wahrnehmungen offen ist, kann die Erwachsenen verblüffen. Und genau da liegt das Geheimnis, warum manche Kinder so ungeheuer genau Situationen und Geschehnisse erfassen. Sie sind nicht sofort mit ihrer Meinung dabei und halten daran fest; vielmehr schauen sie sehr gezielt auf *einen* Vorgang, um zu begreifen, was dort genau geschieht. Yvonne fallen dabei Dinge auf, die sonst sehr schnell verloren gehen und in Vergessenheit geraten: Da wird das Problem zu lösen versucht, warum ein solch kleines Tier einen Gegenstand fortbewegen kann, der viele Male größer ist als es selbst. Oder da geht es um die Frage, ob Ameisen auch Zähne haben, ob sie bei ihren Arbeitsvorgängen etwas essen und trinken müssen, ob sie auch Ruhephasen einlegen oder Angst vor Menschen haben.

Zielgerichtete Aufmerksamkeit kann Kindern nun dabei helfen, Hintergründe zu erfahren, *indem* sie ihre gesamte Aufmerksamkeit auf diesen einen Vorgang bündeln und ganz von der entsprechenden Situation erfasst sind. Wenn solche Aufmerksamkeit gestört wird, werden Kinder auf anderen Ebenen Aufmerksamkeitsstörungen entwickeln. Und gerade darüber klagen viele Eltern. Aufmerksamkeit lässt eine Vielfalt an Erfahrungen zu, und auch darin sind viele Kinder den Erwachsenen weitaus überlegen.

Gegenseitige Achtung und Wertschätzung

Leise und sehr vorsichtig geht Jonas, sechs Jahre alt, zu Tim, einem fünfjährigen, körperlich und geistig behinderten Jungen, der sich auch im Kindergartenraum aufhält. Tim ist damit beschäftigt, einen roten Bauklotz, den er in seinen Händen hält, zu betrachten, an den Mund zu führen, daran zu lecken und zu lachen. Jonas stellt sich vor Tim und streichelt ihm ganz behutsam über den Kopf. Dann geht er in die Hocke und schaut Tim in die Augen. »Möchtest du vielleicht, dass ich mit dir spiele?«, fragt Jonas und wartet dann längere Zeit auf eine Antwort. Tim lässt den Bauklotz fallen und greift nach Jonas' Gesicht. Etwas überrascht nimmt Jonas Tims Hände und wiederholt seine Frage. Tim hält inne und scheint zu überlegen. Schließlich äußert Jonas seine Meinung:»Gerne möchte ich mit dir auf den Spielplatz gehen. Da ist es heller und schöner als hier drin. Und andere Kinder sind da auch. Ich frag mal Marianne (die Erzieherin in der Kindergartengruppe), ob sie mir hilft, dich rauszuschieben.«

Jonas löst seine Hände aus denen Tims und läuft zur Erzieherin:»Du, Marianne, der Tim ist hier in der Gruppe allein. Ich will mit ihm nach draußen. Der will das bestimmt auch, weil er mich angefasst hat. Ganz bestimmt freut er sich, wenn er mit mir auf den Spielplatz kann. Wir müssen dabei aber vorsichtig sein, sonst erschrickt er sich. So wie letztes Mal. Da sind wir hinter seinen Rollstuhl gegangen und haben ihn dann erschreckt. Tim hat ganz laut aufgeschrien. Ich glaube, wenn Tim erschreckt wird, dann bekommt er Angst. Und sprechen kann er auch nicht. Da kann er gar nicht richtig sagen, was er will. Hilfst du mir mal, Tim auf seinem Rollstuhl nach draußen zu schieben?«

So weit eine kleine Szene in einem norddeutschen Kindergarten. Sie verdeutlicht, wie *sensibel* und *einfühlsam* ein nicht behindertes Kind mit einem behinderten Kind umgehen kann, wobei der soziale Kontakt durch *Achtung und Wertschätzung* geprägt ist. Jonas weiß, dass Tim beim Erschrecken Schwierigkeiten hat, und verzichtet daher darauf, ihn zu überraschen. Gleichzeitig hat er die Ruhe, zunächst eine Antwort abzuwarten, obgleich er vielleicht damit rechnet, dass Tim nicht antworten wird oder kann. Vor allem aber fühlt sich Jonas auch mitverantwortlich für Tim, dass es ihm gut gehen soll. Häufig wird ja in unserer Gesellschaft beklagt, dass Kinder grundsätzlich egoistische Verhaltensweisen haben, doch stimmt diese Annahme mit der beobachteten Realität tatsächlich nicht überein. Sicherlich spielt dabei *immer* das Modellverhalten von Erwachsenen eine überaus starke Rolle, und Kinder erfahren sehr deutlich den Zusammenhang von selbst erhaltener Wertschätzung und gegebener Wertschätzung anderer gegenüber.

Jonas schafft es, sich in Tim hineinzuversetzen, was es wohl bedeuten kann, allein zu sein; wie es ist, heute mitzubekommen, dass andere Kinder miteinander spielen und man selber ohne Spielkameraden ist. Jonas geht aber noch einen Schritt weiter. Er macht sich eben nicht nur seine Gedanken, sondern unternimmt aktive Schritte, eine für Tim unangenehme Situation zu verändern, ganz nach dem Motto, dass sich auch andere Kinder – in diesem Fall Tim – heute wohl und zufrieden fühlen sollen. Vielleicht gibt Jonas sogar eigene Bedürfnisse auf oder stellt eigene Wünsche zurück.

Aus der entwicklungspsychologischen Forschung ist im Übrigen bekannt, dass vor allem begabte Kinder die Fähigkeit besitzen, sich in andere Menschen hineinzuversetzen. Der Fachbegriff für diese Verhaltensweise lautet »Rollenübernahme«. Das bedeutet, dass Jonas quasi in die Haut von Tim hineinschlüpft und nun mit seinen Augen die Welt betrachtet. Kinder begegnen sich viel häufiger mit Achtung und Wertschätzung, als wir denken. Dies ist das Ergebnis selbst erlebten Respekts durch andere.

Symbole gegen die Angst

Eines Tages fragte eine besorgte Mutter während der Pause eines Elternabends, was sie denn nun bei ihrem siebenjährigen Sohn machen könne:»Marco ist in den letzten Wochen wie verwandelt. Früher war er immer ein lustiger, aufgeschlossener, lebendiger und ausgeglichener Junge, aber in der letzten Zeit hat sich sein Verhalten ganz ins Gegenteil gewandelt. Marco ist still, spricht kaum noch mit uns und anderen, will lieber seine Ruhe haben und spielt mehr allein. Immer und immer reden wir mit ihm, wollen ja auch versuchen, endlich herauszubekommen, was ihn bedrückt, aber das Einzige, was ihn interessiert, sind Gespenster. Und dann kommt noch was dazu: Marco sammelt wie ein Weltmeister leere Getränkedosen und Büchsen. Immer wenn er nach Hause kommt, bringt er irgendwelche gefundenen Dosen mit und verteilt sie auf dem Boden seines Kinderzimmers. Es ist zum Ausrasten. Nicht nur, dass wir das äußerst unhygienisch finden, sondern auch der Gedanke, dass sein Zimmer wirklich zu einem Müllhaufen wird, setzt uns in Sorge und Ärger. Dabei hat er sehr viele Spielsachen. Von uns und seinen Großeltern. Er muss auf nichts verzichten – und nun das.«

Als ich Marco kennen lerne, finde ich die Aussagen der Mutter bestätigt. Sein Zimmer ist tatsächlich übersät mit leeren Dosen, und mittendrin sitzt Marco und spielt mit einigen davon. Marco lässt sich durch die Anwesenheit eines Fremden nicht sonderlich stören und setzt nach kurzem Aufblicken sein Spiel fort:»Und wenn ich dir sage, dass du die Kraft hast, alle Gespenster dieser Welt zu vertreiben, dann kannst du's ja tun. Gespenster gibt es doch – auch wenn wir sie nicht immer sehen können. Heute Nacht standen sie im Türeingang und trauten sich wahrscheinlich nicht rein. Ich weiß schon, warum das so war.« Offensichtlich beschreibt Marco ein Ereignis, das er noch einmal an dieser Stelle für sich selber verarbeiten will.

Wie sich im Laufe der familientherapeutischen Arbeit herausstellt, hatten beide Elternteile große Leistungs- und Erwartungsansprüche an ihren Sohn, möglichst alles perfekt und von Anfang an gut zu machen. Mit der Zeit vergaßen sie immer mehr, dass Marco ein Kind ist, das auch Fehler machen kann, ausprobieren will, ja einfach Kind sein will. Vor allem der Vater ist eifrig bemüht, seinem Sohn in endlos langen Monologen die »Dinge der Welt« – also alles, was im Laufe des Tages an Fragen auftaucht – zu erklären. Die Vernunft steht dabei an erster Stelle und Gefühle werden rationalisiert. Marco fühlt sich durch die ständigen Ansprüche überfordert, und die Angst, den Erwartungen nicht entsprechen zu können, weitete sich immer mehr aus.

Da Kinder fast immer ihre Ängste personifizieren, das heißt auf erdachte Figuren oder Gegenstände übertragen, sind diese Angstübertragungsobjekte gleichsam *Symbole* personifizierter Gefühle. Und Marco hat sich nun (unbewusst) eine ganz hervorragende Überlebensstrategie überlegt: Seine Ängste, die sich in den Gespenstern widerspiegeln, werden immer dann, wenn sie in sein Zimmer kommen, über die verstreuten Dosen stolpern und ausrutschen. Gleichzeitig würde er durch die Geräusche wach werden und die Gespenster mit seinem Knüppel, den er immer abends an sein Bett legte, vertreiben können. Das war also der Grund für sein intensives Dosensammeln, und deswegen waren sie auch auf dem gesamten Fußboden verteilt. Wenn Erwachsene verstehen, was Kinder symbolhaft tun, begreifen sie, was eigentlich hinter dem Symbolverhalten verborgen ist.

Kinder erleben und empfinden subjektiv

Voller Stolz geht Nele (fünf Jahre) zu ihrer Mutter. Unter ihrem Arm hat sie ihr Stickeralbum festgeklemmt und will nun der Mutter ihre »Schätze« zeigen. Beide setzen sich in der Küche an den Esstisch, und Nele beginnt mit ihrer Demonstration: »Also Mama, jetzt hab ich mal die ganzen Bilder ins Album gesteckt. Schau doch mal, wie viel ich schon habe. Hier die Tiere« – Nele blättert langsam und bedächtig die Seiten vor – »und da die Puppen. Ist das nicht toll? Bestimmt gibt's ja noch viel, viel mehr Bilder, aber die krieg ich auch noch. Johannes hat nicht so viele Bilder, das weiß ich. Das hier ist mein richtiger, echter Schatz.«

Während Nele weiterblättert, klingelt es plötzlich an der Tür. Nele springt auf und stößt dabei an ein Glas Saft, das auf dem Tisch steht, und schüttet es um. Dabei spritzen ein paar Tropfen auch auf ihre Sticker. Kaum ist es geschehen, beginnt Nele mit herzzerreißendem Weinen und Klagen zu schimpfen: »Dieser blöde Saft, warum musst du den da auch hinstellen. Jetzt sind alle meine Bilder nass.

Und nie mehr krieg ich sie trocken. Alles ist versaut, und meine Bilder kann ich wegschmeißen.« Neles Mutter greift nach einem Papiertuch, tupft die paar Tropfen weg und meint:»Passiert ist gar nichts. Stell dich bitte nicht so an, und geh erst mal zur Tür und guck mal, wer da ist.« Nele protestiert:»Natürlich sind meine Bilder kaputt. Saft macht alles nass, und bestimmt sehen sie dann doof aus. Und ich guck nicht an der Tür, wer da geklingelt hat.« Die Mutter steht auf, geht zur Tür, bittet den Besucher ins Wohnzimmer und kommt zurück in die Küche.»Nele, ich hab dir schon einmal gesagt, dass alles wieder trocken ist. Mach jetzt keinen Zirkus, und stell dich nicht so an. Du siehst doch, dass nichts passiert ist. Also hör bitte auf zu weinen, putz dann den Tisch trocken und komm anschließend ins Wohnzimmer.« Traurig bleibt Nele vor ihrem Stickeralbum sitzen.

Kinder drücken ihre Grundgefühle wie Trauer, Ärger, Freude und Angst zunächst immer unmittelbar und direkt aus, und ihre Gefühle besitzen dabei eine Ursprünglichkeit, die wir als Erwachsene kaum noch kennen. Das Problem liegt darin, dass für viele Kinder ein kleines Missgeschick, das uns Erwachsenen auf den ersten und zweiten Blick hin gar nicht so schrecklich vorkommt, ein regelrechtes Drama ist. So wie für Nele, die in ihrer ganzen Wahrnehmung nur darauf ausgerichtet ist, dass ihrem Schatz, dem Stickeralbum und den Bildern, irgendetwas passiert sein könnte. Und dieses »Passiertseinkönnen« trägt häufig den Charakter eines »Passiertseins«. Neles Mutter sieht in den paar Spritzern objektiv eine Bagatelle; ganz anders dagegen Nele, für die in diesem Augenblick eine Welt zusammenbricht.

Neles Mutter macht, wenn wir genau hinschauen, in ihrem ersten Satz gleich drei kleine Fehler. Erstens schwächt sie Neles subjektives Empfinden ab (»Passiert ist gar nichts«), so dass Nele sich automatisch mit ihrer Einschätzung ins Abseits gedrängt fühlen muss. Zweitens erfährt Nele, dass ihr Gefühlsausbruch wohl ziemlich unangemessen ist (»Stell dich nicht so an«), und drittens erhält sie einen Auftrag (»Geh erst mal zur Tür und guck mal, wer da ist«), der mit ihren jetzt vorhandenen Gefühlen überhaupt nicht in Verbindung steht. Nele wird empfinden, dass ihr Gefühl abgeschnitten wird und unwichtig ist. Erwachsene, die eine Situation anscheinend objektiv beurteilen, werten damit die subjektive Einschätzung des Kindes ab. Und genau das lässt Kinder fühlen, unverstanden zu sein. Daraus ergeben sich dann weitere Machtkämpfe oder Trotzreaktionen, die vielleicht sogar zu neuen Stellungskriegen zwischen Kindern und Erwachsenen führen.

Gefühle von Kindern ernst zu nehmen heißt die Gefühlswelten von Kindern zu achten. Gefühle von Kindern sind sehr sensibel und können schnell missachtet werden. Das geschieht etwa, wenn Kinder mit viel Eifer eine Kieselsteinsammlung angelegt haben und am nächsten Tag, wenn sie aus dem Kindergarten oder der Schule nach Hause kommen, plötzlich die ganze »Sammlung« verschwunden ist. Oder wenn Kinder mit viel Sorgfalt etwas hergestellt oder gebaut haben, und ein anderes Kind oder ein Erwachsener tritt aus Versehen gegen das Bauwerk, und es fällt zusammen. Gleiches passiert, wenn Kinder miterleben, wie Erwachsene eine Mücke im Zimmer erschlagen oder aus Versehen auf einen Marienkäfer treten. Oder wenn ein Kind ganz versunken in eine Spielaktivität eingetaucht ist und es dann plötzlich zum Essen oder Helfen gerufen wird. Der Hinweis »Du kannst ja sofort danach weiterspielen« oder »Die kurze Pause ist ja wohl nicht schlimm« wird wenig helfen, ein protestierendes oder wütendes Kind zu beruhigen. Immer stehen sich »Objektivität der Erwachsensicht« und die »Subjektivität des Kindererlebens« gegenüber. Kinder spüren ihre Gefühle und wollen ernsthaft verstanden werden. Und so gilt es, die subjektiv erlebten Gefühle von Kindern zu respektieren. Kinder leben uns vor, wie das geht, weil in ihren Handlungsaktivitäten gleichzeitig alle Entwicklungsbereiche sinnverbunden gelebt werden.

Kinder wollen alle Entwicklungsbereiche gleichzeitig erleben

Werfen wir kurz einen Blick auf den »Entwicklungskreislauf bei Kindern« (vgl. Grafik auf Seite 141) und vergleichen wir Kindertätigkeiten mit diesen einzelnen Bereichen, dann demonstrieren uns die Kinder, was es heißt, ein »ganzheitliches Leben« zu führen.

Alle neun Entwicklungsbereiche werden vor allem dann ausgebaut, wenn Kinder die Möglichkeit haben – und Erwachsene ihnen die Möglichkeit dazu geben –, in einer Aktivität, bei einem Vorhaben, bei einem Spiel diese Lebens-(Entwicklungs-)Bereiche gleichzeitig zu erleben. Vor allem im Freispiel ist diese Voraussetzung besonders gewährleistet.

Zur Verdeutlichung ein Beispiel:
Pia und Benni, zwei Geschwister, bauen seit fast einer Stunde mit einer Fülle von Kartons, Hölzern und dicken Seilen eine »Festung«. Sie haben sich dazu das ganze Material aus dem Keller geholt und in den Garten geschafft. Ständig holen sie die Materialien heran, schneiden Löcher

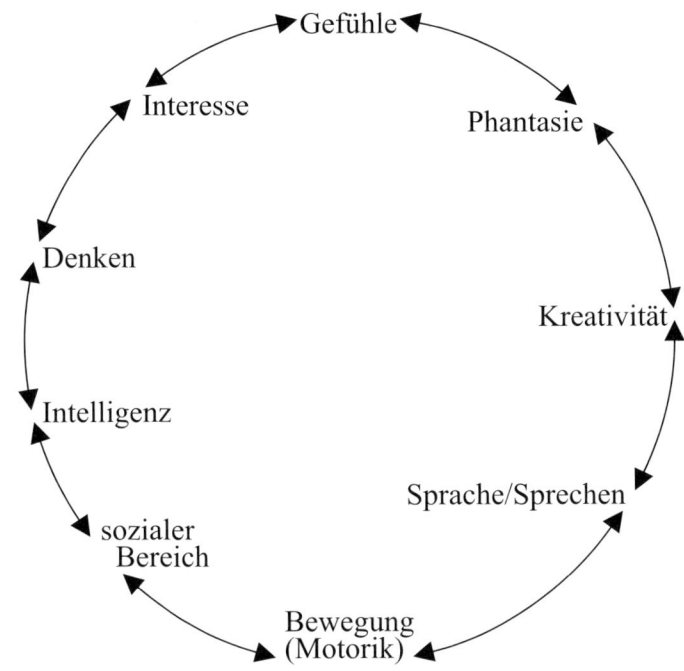

als Fenster in die Pappe und binden mit den dicken Seilen die Kartonstücke zusammen (= *Motorik*). Natürlich werkelt nicht jedes Kind für sich isoliert, sondern sie sprechen sich ab, entwerfen Pläne, streiten auch mal kurz über ihre Vorhaben und einigen sich dann, was wohl der beste Bauplan sei (= *sozialer Bereich*). In ihrer ständigen Unterhaltung (= *Sprache/Sprechen*) kommen auch Ideen zum Tragen, die utopisch zu sein scheinen. So erklärt Benni zum Beispiel: »Wenn wir dort oben auf unsere Festung einen Rundgang machen, dann können wir immer sehen, wer von weitem kommt. Dazu brauchen wir aber ein Baugerüst wie nebenan an der Baustelle. Wir sollten mal fragen, ob die uns das ausleihen. Aber dann werden die ja mit ihrem Haus nicht fertig ...«

Ihre gedanklichen Abwägungen (= *Denken*) sind interessant, und es macht Spaß, ihnen zuzuhören. Voller Eifer sind sie dabei. »Lass uns am besten eine Decke holen, für unser Wohnzimmer. Dann legen wir uns drauf und haben ein Bett. Und für die Küche in unserer Festung müssen wir noch Kochtöpfe holen. Da können wir uns endlich mal wieder Nudeln mit Tomatensoße machen ...« (= *Nutzung von Wissen: Intelligenz*). Beide Kinder scheinen über ihr »Festungsprojekt« begeistert zu sein. Sie stellen sich vor ihr Bauwerk, staunen selber über ihre Künste und ihr Können und sind ganz stolz. »Solch eine Festung hat sonst niemand. Nur wir! Ist das nicht klasse?« Beide Kinder strahlen (= *Gefühle*). »Und wenn's stürmisch wird, dann brauchen wir ein Warngerät, damit uns unsere ganze Festung nicht wegfliegt«, meint Pia. »Dazu hängen wir ein paar Kochtopfdeckel an den Baum. Wenn es windet, stoßen die zusammen und machen Krach. Dann wissen wir, dass Sturm kommt« (= *Phantasie*). Gesagt, getan: Schnell sind die Utensilien geholt und angebracht. Nicht mit dem dicken Tau, sondern mit zusammengebundenen (geknoteten) Knöterichschlingen, die sie in großen Mengen am Gartenzaun entdeckt haben (= *Umsetzung der Phantasie = Kreativität*). Als alles fertig ist, werden die Eltern in die Festung eingeladen – ein bisschen eng wird es schon –, und es wird ein richtig kleines »Festungsfest« mit Saft und Plätzchen gefeiert. Das Interesse aller Beteiligten ist für lange Zeit da.

Kinder brauchen vielfältige Möglichkeiten, ihrem inneren Bedürfnis nach ihre kleinen und großen Handlungsvorhaben ganzheitlich zu erleben. Und sie zeigen uns gerade in ihrem Spiel, wie einfach es ist, dies zu verwirklichen. Wenn demgegenüber nur einzelne Entwicklungsbereiche angesprochen werden, zum Beispiel beim Arbeiten mit

Vorschulblättern, im Umgang mit irgendwelchen Schablonen, beim isolierten Sprachtraining oder einem Intelligenzförderprogramm, dann werden automatisch die anderen, gleichzeitig aber auch vorhandene Entwicklungsbereiche bewusst ausgeklammert.

Wen wundert es da, wenn ein Kind zappelig wird und damit sagt: »Seht doch, was ich auch noch kann – ich kann mich auch bewegen.«

Wen wundert es da, wenn ein Kind die starren Übungsanweisungen verändern will und damit sagt: »Seht doch, was ich auch noch kann – ich habe eine eigene Phantasie und ein eigenes Interesse.«

Wen wundert es da, wenn ein Kind mit angeordneter Ruhe die Regel durchbricht, indem es Fragen stellt oder seinen Unmut äußert: »Seht doch, was ich auch noch kann – ich habe Gefühle, die ich jetzt ausdrücke, und ich habe eine Sprache, die ich nutzen will.«

Wen wundert es da, wenn Kinder mit Einzelaufgaben betraut werden, die sie allein lösen sollen, und dennoch miteinander tuscheln: »Seht doch, was ich auch noch kann – ich möchte gerne mit anderen etwas zusammen machen, weil es lustiger und schöner ist.«

»Erfahrungen sind die Weisheiten der Erwachsenen«
– sagen die einen und beharren darauf,
das Erlebte zum Ausgangspunkt aller Wahrheiten
und damit zum Dogma des Tags zu erklären.
»Erfahrungen sind die Summe unreflektierter Erlebnisse«
– sagen die anderen und sprechen damit
der Vielfalt des Lebens und seiner Eindrücke
die Wertigkeit ab, Erlebtes aufs »Heute« zu beziehen.

Doch eines ist sicher: Der gleiche Blick
in immer dieselbe Richtung lässt gleichzeitig
auch stets nur gleiche Erfahrungen zu.
Und eigenes Leben wird damit nicht selten
zur allgemeinen Religion erklärt.
Erfahrungen zeigen, dass neue Gedanken,
die gestrigem Tun widersprechen,
sehr schnell zum Feind des Lebens erklärt
und als unbrauchbar schnell abgelegt werden.
Und damit stirbt langsam, doch stetig die Chance,
das »Neue« mit Aufmerksamkeit
lebendig zu grüßen.

Konsequenzen
auf den Punkt gebracht

Eine herz- und gefühllose Erziehung hemmte bei mir
die leichte, schöne Begegnung der ersten werdenden
Gefühle. Den Schaden, den dieser unselige Anfang des
Lebens in mir angerichtet hat, fühle ich noch heute.

Friedrich Schiller

Aufgrund der veränderten Kindheiten in unserer heutigen
Zeit im Vergleich zu den Kindheiten vergangener Jahre
und Jahrzehnte und aufgrund der Probleme, denen sich
Kinder in zunehmendem Maße ausgesetzt fühlen, ist es
notwendig, dass Erwachsene Kindern Rechte zugestehen,
Rechte, die auch in der Praxis zur täglichen Realität werden.

Sicherlich ist es nicht möglich, *alle* Rechte von Kindern
an dieser Stelle aufzuführen. Dennoch soll versucht werden, grundsätzliche Rechte der Kinder auf den Punkt zu
bringen.

Jedes Kind hat ein Recht auf seine individuelle Entwicklung

Schon ein Blick in unseren Bekannten-, Verwandten- oder
Freundeskreis zeigt deutlich, wie verschieden Menschen
sind. Das mag vielleicht für einige Leser / -innen eine bana-
le Aussage sein, ist aber bei genauerem Hinsehen durchaus

145

nicht überflüssig. Leider gibt es immer noch – und gerade in letzter Zeit immer mehr – Erziehungsratgeber und andere pädagogische Fachliteratur, die den vielen Leser / -innen weismachen möchten, dass es ganz bestimmte Verhaltensweisen von Kindern in einem ganz bestimmten Alter »anzuerziehen« gilt, damit keine Defizite entstehen. Und so wachen Mütter und Väter mit Argusaugen über alle Entwicklungsschritte, die ja »eigentlich ein Kind in genau diesem Alter zeigen sollte, wenn es normal ist«. Bleiben nun bestimmte Entwicklungsschritte oder Verhaltensweisen zunächst aus, fühlen sich Eltern verunsichert und beginnen mit besonderem Eifer, Entwicklungsprozesse zu provozieren. Doch Kinder sind in ihrer Entwicklung sehr individuell. Es gibt viele unterschiedliche Einflüsse, warum bei dem einen Kind eine bestimmte Entwicklung schneller oder langsamer als bei einem Kind gleichen Alters vorangeht.

Immer schon war und ist es für viele Kinder dramatisch, *verglichen* zu werden, und ganz besonders haben übrigens Zwillinge darunter zu leiden. Ähnliches gilt auch für den Vergleich unter Geschwisterkindern: »Als Jana so alt war wie du, da konnte sie schon viel selbständiger essen als du.« »Schau mal, wie ordentlich Jan am Tisch sitzt, viel ordentlicher als du.« »Jan hatte, als er in die Klasse ging, in der du jetzt bist, ein weitaus besseres Zeugnis.« »Wenn ich Jan um Hilfe bitte, ist er viel bereiter und schneller dabei, als du es bist.« Die Beispiele könnten endlos fortgesetzt werden.

Wichtig ist in diesem Zusammenhang, dass Kinder auf der *Suche nach ihrer eigenen Identität* sind und daher in Vergleichen eine Missachtung ihrer Persönlichkeit erleben werden. »Was kümmert es mich, ob der andere schneller ist als ich«, mag sicherlich durch ihre Köpfe gehen. Auch wenn es zunächst gedanklich abgewehrt wird, so hat der Umstand des Vergleichens doch häufig Folgen für das Selbstwertgefühl. Und bestimmte, das Selbstwertgefühl verletzende Bemerkungen oder Verhaltensweisen haben entsprechend häufig lebenslange Folgen für die eigene Entwicklung, die sicherlich im Laufe der Zeit durch selbsterfahrungsorientierte Arbeit veränderbar ist. Besser wäre es allerdings, diese Wunden würden erst gar nicht entstehen.

Auf den Begriff »Selbstwertgefühl« soll an dieser Stelle noch einmal kurz eingegangen werden. Michael Birkenbihl hat dazu vor über 20 Jahren ein sehr einfaches Modell entwickelt, um zu verdeutlichen, was damit gemeint ist.

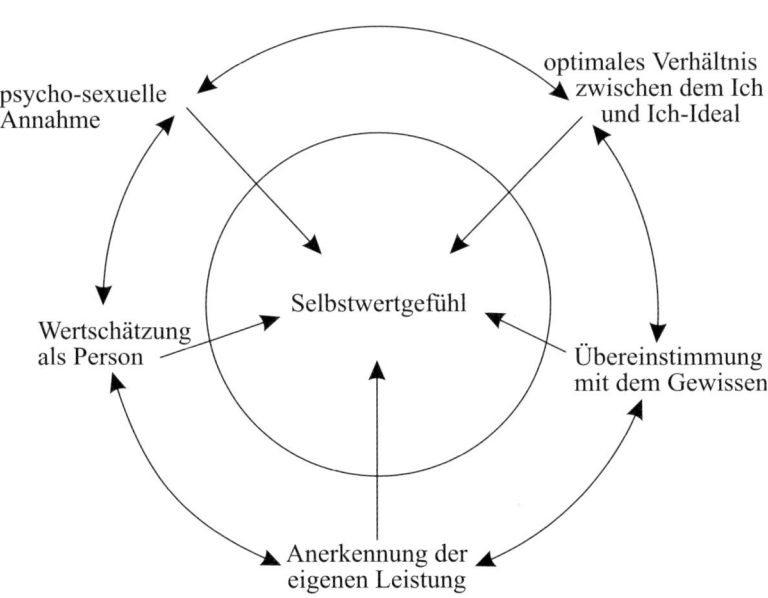

Mit dem »optimalen Verhältnis zwischen dem Ich und dem Ich-Ideal« ist die Beziehung zwischen den beiden Maßstäben gemeint, wie ich auf der einen Seite *tatsächlich bin* und wie ich auf der anderen Seite *sein möchte*. Je mehr nun Kinder (sicherlich ebenso auch Erwachsene) immer wieder einen Vergleich zu anderen Kindern erfahren müssen, desto eher werden sie mit der Zeit krampfhaft versuchen, auch tatsächlich anders werden zu wollen. Sie bemerken nämlich, dass sie dann mehr geschätzt oder mehr geliebt werden. Immer mehr werden sie so die Diskrepanz zwischen ihrem eigenen Sein und ihrem Sein-Wollen erleben. Sie brauchen dabei so viel Kraft, um das Ich-Ideal zu erreichen, dass keine Kraft mehr für das Selbstwertgefühl bleibt. Es sinkt.

Die »Übereinstimmung mit dem Gewissen« meint das richtige Verhältnis zwischen dem, wie ich bin, und dem, wie ich sein müsste. Wenn nun ein Kind ständig Moralisierendes als Kommentar zu seinem Verhalten zu hören bekommt, gerät es immer stärker in Konflikte. Denn es muss erfahren, dass das, was es tut und wie es ist, so nicht gut ist. Angenommen, ein Kind hat etwas angestellt, was es nicht sollte, und würde nun aus subjektiv-realer Angst heraus lügen. Daraufhin bekäme es massive Vorhaltungen von den Eltern, weil es lügt: »Papa und Mama sind nun sehr traurig.« Dieses Kind gerät unweigerlich in folgenden Konflikt: Sag ich, dass ich es war, gestehe ich ein, dass ich mich nicht an die Regeln beziehungsweise die Absprache gehalten habe. Darüber werden Mama und Papa traurig sein. Sag ich, dass ich es nicht war, Papa und Mama aber vermuten, dass nur ich es sein konnte, sind sie traurig darüber, dass ich nicht die Wahrheit sage.

Je mehr Eltern ausforschen und mit Fragen nachbohren, desto schwerer wird es einem Kind fallen, die Wahr-

Ich kann meine Schuhe schon ganz alleine an- und ausziehen –
und meine Eltern finden das toll!

heit zu sagen. Wichtig ist dabei, bei der Zuspitzung des Problems lieber eine Pause zu machen – zum Abklingen beiderseitig aufgestauter Gefühle –, um dann nach einer abgesprochenen Zeitspanne noch einmal das Ganze zu bereden – aber eben ohne zu moralisieren. Viel besser ist da eine klare Aussage wie zum Beispiel:»Jan, aus unserem Wohnzimmerschrank sind alle Bonbons verschwunden. Mama und ich haben sie nicht gegessen. Unsere Absprache war, dass der Vorrat bis zum Wochenende halten sollte. Also sind für den Rest der Woche keine Bonbons für dich da.«

Wenn Kinder ständig das Damoklesschwert über sich spüren, anders sein zu sollen, dann senkt dieses Gefühl des Unvermögens weiter das Selbstwertgefühl – die Basis für eine seelisch gesunde Entwicklung.

Die»Anerkennung der eigenen Leistung« meint den Umstand, dass Kinder die Möglichkeit erhalten, ihre eigene Leistung als bemerkenswert zu erfahren. Kinder sind immer auf der Suche nach einer Bestätigung für ihr eigenes Können, wobei es dabei nicht so wichtig ist, was andere dazu meinen. Vergleiche mit anderen Leistungen – wie zum Beispiel das Vergleichen von Zeichnungen – oder der Anspruch vieler Eltern, dass Gebasteltes, Gewerktes oder Gemaltes ihren Ansprüchen sehr nahe kommen muss, um akzeptabel zu sein, lassen viele Kinder entweder verzweifeln oder ihr Verhältnis zur eigenen Leistung verblassen. Als kleines weiteres Beispiel sei nur an das Arbeiten mit Schablonen erinnert. Schablonen als vorgefertigte Muster für»richtiges« Malen lassen Kinder immer wieder die Erfahrung machen, dass sie es eben ohne diese Schablonen nicht schaffen. Es ist verständlich, dass daher verunsicherte Kinder oder Jungen und Mädchen, die sehr leistungsbetonte und kontrollierende Eltern haben,»gerne« mit

Schablonen malen – sie haben kein Vertrauen in ihre eigene Leistung mehr.

Die »Wertschätzung als Person« geschieht überall dort, wo Kinder fühlen, dass trotz mancher Fehler, die sie machen, und trotz mancher »Unartigkeiten«, die ihr tägliches Verhalten begleiten, ihre Eltern grundsätzlich zu ihnen halten, egal was geschieht. Das Gegenteil wertschätzender Entwicklungsbegleitung ist ein gering schätzender Umgang mit Kindern. So zum Beispiel, wenn Eltern sagen, sie hätten ihr Kind wegen seines Verhaltens gar nicht mehr lieb. Oder etwa die Aussage »Du bist wirklich eine Strafe für uns« – wie es einmal eine Mutter in der therapeutischen Beratung formulierte. Oder die Situation, als ein sehr leistungsbetonter Vater seine Tochter aus dem Kindergarten abholte und sie ihm stolz ihre Zeichnungen überreichte. Der Vater guckte sich »das Geschmiere« nur kurz an, fasste seine Tochter an den Armen, hob sie vor den Spiegel, der im Flur des Kindergartens angebracht war, und sagte: »Schau mal – wer so dumm aussieht wie du, kann auch nicht vernünftig malen!«

Und schließlich geht es auch um ein Kinderleben, in dem von Anfang an die Sexualität ihre berechtigte Bedeutung spielen wird. Kinder sind schon vor der Geburt durchaus in der Lage, ihre Körper zu streicheln und sich in ihrer persönlichen Geschlechtlichkeit zu erfahren. So wie Körper, Geist und Seele eine Einheit bilden, so ist vom Anfang des Lebens an gerade auch der eigene Körper eine Quelle der Freude und Lust. Viele Menschen meinen ja, dass Sexualität erst ab einem bestimmten Alter in Erscheinung tritt (beziehungsweise zu treten hat) – doch Beobachtungen zeigen uns völlig andere Ergebnisse. Wenn Kinder spüren (müssen), dass es Zonen ihres Körpers gibt, die »unanständig« sind, dann kommt es auch immer zu einer Ausgrenzung bestimmter Entwicklungsbereiche, die wiederum Probleme der Kinder zu diesem Zeitpunkt und auch in späteren Stadien ihres Lebens provozieren.

Alle fünf genannten Einflussbereiche, die für ein niedriges oder hohes Selbstwertgefühl verantwortlich sind, hängen miteinander zusammen. Daher ist auch bei dem Schaubild ein verbundener Kreis gezeichnet.

Ein Kind, das ein Recht auf seine Individualität erfährt, entwickelt ein starkes Selbstwertgefühl, das manchen Erwachsenen erschrecken kann. Es gibt Belege aus persönlichkeitspsychologischen Untersuchungen für folgende These: Erwachsene, die eher wenig Selbstwertgefühl besitzen, sehen Kinder mit einem hohen Selbstwertgefühl nicht selten (unbewusst) als eine Bedrohung für sich an. Und da Erwachsene es immer schon schwerer aushalten konnten, wenn Kinder »weiter« sind als sie selber, entwickeln sie Mechanismen und Strategien, auch Kinder (unbewusst) in ihrem Selbstwertgefühl nicht mehr wachsen zu lassen, als sie es selber leben. Ein selbstbewusstes Kind, das mit seinen Handlungen demonstriert, was es alles kann, zeigt uns Erwachsenen, dass es uns damit sagen will: »Hier bin ich, und das, was ich tue, kann ich gut! Darauf bin ich stolz.«

Jedes Kind hat ein Recht auf humane, nicht auf perfekte Eltern

Kein Kind kann und soll aufgrund seiner Individualität perfekt sein – »pflegeleichte Kinder« gibt es entweder nur in der Werbung oder in Familien, wo Konflikte nicht zugelassen und ständig unter den Teppich gekehrt werden. Genauso darf und kann es keine perfekten Eltern geben. Einerseits lebt ein Tag aus der Vielfältigkeit und Lebendigkeit spontaner Ereignisse, andererseits sind weder Eltern noch Kinder Automaten oder Computer, wo einmal eingestellte Programme wie mechanisch immer in derselben Form ablaufen. Dort, wo gelebt und probiert, verworfen und geprüft wird, passieren Fehler, und das ist auch gut so. Natürlich ist es wichtig, dass Kinder in ihren Eltern wirklich verlässliche Partner erleben, die in ihren Entscheidungen eine gewisse Kontinuität zeigen. Fehler zu machen ist nicht weiter dramatisch. Wenn man sie allerdings erkennt und dennoch wiederholt, ist das kaum akzeptabel. Die Gestaltung einer humanen Beziehung bedeutet, Kindern ihr Recht auf Liebe, Achtung, Anerkennung und Wertschätzung einzulösen. Das ist für Kinder und Eltern gleichermaßen bedeutsam.

Jedes Kind hat ein Recht auf Freude, Glücklichsein und Spaß

Während eines Kuba-Urlaubs fiel mir auf, wie fröhlich und ungezwungen, lebendig und aktiv viele kubanische Eltern mit ihren Kindern umgegangen sind. Eltern spielten mit ihren Kindern Fangen, tanzten bei Dorffesten miteinander, lachten und scherzten am Strand zusammen und strahlten ungezwungenes Glück aus. Eines Tages meinte ein Kubaner:»Weißt du, was mir bei euch Urlaubern aus dem reichen Deutschland immer wieder auffällt? Ihr tragt ein Gesicht, als ob ständig Trauer oder Unzufriedenheit in euren Herzen ist. Euer Körper drückt ständige Anspannung aus, obgleich ihr hier während eures Urlaubs zur Entspannung hergekommen seid, und eure Worte, auch wenn ihr mit Kindern spielt und sprecht, sind voller Ernst.« Psychologie oder Pädagogik könnten es kaum klarer formulieren.

Kinder freuen sich über ihre Sammlungen, Geheimnisse, Ersteigerungen oder Tauschgeschäfte, sie sind glücklich, wenn sie etwas erreicht haben, was sie sich schon so lange vorgenommen hatten, und sie strahlen vor Glück, wenn sie einer Tätigkeit nachgehen können, die ihnen schon so lange am Herzen lag. Kinder haben Spaß daran, Erwachsene zu ärgern, ihnen Streiche zu spielen und sie negativ zu überraschen. Sie haben Spaß, wenn anderen ein Missgeschick passiert (davon leben ja auch einige Fernsehsendungen für Erwachsene!) oder wenn ihnen etwas gelingt, was sie vorher noch nicht konnten.

Kinder wollen uns mit ihrer Fröhlichkeit immer wieder sagen: »Schau her, mir geht es gut, und darüber freue ich mich von Herzen.« Mit Sätzen wie »Sei doch nicht so übermütig« oder »Stell dich doch nicht so kindisch an« wird die Freude gebremst oder gar zunichte gemacht. Der Ernst vieler Erwachsener lässt Kinder verzweifeln, und vielleicht ist es so, dass die Freude, das Glücklichsein und der Spaß vieler Kinder die Erwachsenen schmerzen, weil sie selber dieses Glücksgefühl nicht mehr spüren können. »Seht doch, wie fröhlich ich sein kann« kann ein Appell an Erwachsene sein, mitzulachen und den Spaß immer wieder neu mitzuerleben.

Jedes Kind hat ein Recht darauf, seine Gegenwart zu genießen

Die unüberschaubare Vielfalt so genannter Förderspielmaterialien für Kinder, mit denen sie schon von frühester Kindheit an in ihren unterschiedlichen Fähigkeiten gezielt angesprochen und unterstützt werden sollen, um ja keine Chance der Entwicklung zu verpassen, nimmt Kindern Möglichkeiten, spontane Erfahrungen zu sammeln. Nicht anders sieht es mit den vielen vorschulischen »Förderprogrammen« aus, mit deren Hilfe Kinder möglichst früh und gezielt auf die Schule vorbereitet werden sollen. Das Gleiche gilt für die oft voll gestopften Wochenprogramme von Kindern, in denen sie unterschiedliche Kurse und Veranstaltungen besuchen sollen. Immer geht es dabei den Eltern um die Zukunft ihrer Kinder, und das geht zu Lasten der Gegenwart. »Ich habe Angst davor, dass mir mein Kind, wenn es älter geworden ist, einmal vorhält, ich hätte nicht genügend getan« – so die häufig gehörte Meinung vieler Mütter und Väter.

Kinder sind durch ein häufig völlig reizüberflutetes Leben so in ihren Erlebnissen und unverarbeiteten Gedanken verflochten, dass sie kaum noch Zeit finden, sich ganz und gar auf spontane Ereignisse einzulassen. Ein Kind, das ganz gedankenversunken seine Puppenmutterrolle spielt und dabei alles um sich herum vergisst, lernt mehr als in einem Vorschulförderprogramm, wo es etwa Drei- und Vierecke unterscheiden muss. Dadurch, dass Kinder ihren heutigen Tag nutzen, sich von Sorgen und Nöten, Ängsten und Befürchtungen freizuspielen, entspannen sie sich innerlich. Und dann wird es ihnen möglich, sich automatisch auf die Zukunft einzulassen.

Mir geht es richtig gut, und darüber freue ich mich von Herzen.

Gewiss mag es für ein sprachbehindertes Kind hilfreich sein, seine Sprache durch Übungen weiterzuentwickeln. Doch es erlebt mehr, wird freier, wenn es etwa mit einem Erwachsenen durch einen völlig verwilderten Garten streift, um sich Äpfel vom Baum zu pflücken und an einem Feuer leckere Bratäpfel zu schmoren. Dabei wird erzählt, erkundet und immer wieder etwas Neues entdeckt – vielleicht sogar zusammen eine Höhle gebaut –, wo es sich herrliche Geschichten zu erzählen gibt.

Kinder zeigen uns mit ihren täglichen Freuden und kurzfristigen Traurigkeiten immer wieder aufs Neue, wie es ihnen geht. Sie sagen uns mit ihren Bildern und Spielformen, womit sie sich beschäftigen. Umso mehr haben Kinder die Hoffnung, auf Erwachsene zu treffen, die ihr Verhalten und ihre Tätigkeiten für den heutigen Tag auch verstehen.

Jedes Kind hat ein Recht auf seinen eigenen Zeitrhythmus

»Jan, nun iss doch bitte etwas schneller! Immer wieder dein Getrödel – langsam geht's mir auf die Nerven. Du willst doch bestimmt noch spielen oder dich mit deinen Freunden treffen. Glaubst du, ich warte wirklich darauf, wann es dir gefällt, endlich mit dem Essen aufzuhören?« Die Sätze einer Mutter, die sicherlich häufig zu hören sind.

Manche Kinder bringen mit ihrer Langsamkeit ihre Eltern fast an den Rand der Verzweiflung – ob es beim Frühstücken, Mittag- oder Abendessen ist, ob es ums Anziehen geht, bei der Zeremonie, ins Bett zu gehen, oder beim Zähneputzen. Immer und immer wieder geht es vielen Erwachsenen einfach zu langsam.

Grundsätzlich ist es zunächst einmal so, dass jeder Mensch einen eigenen Zeitrhythmus lebt und die Zeitrhythmen völlig unterschiedlich sind. Ein Kind, das sich Zeit lässt, demonstriert damit deutlich, dass es seine Zeit braucht. Ein Kind, das eher langsam und bedächtig seine Aufgaben erledigt oder sich beim Ausziehen sehr viel Zeit lässt, tut es sicherlich nur in den wenigsten Fällen – und das eben nur bei besonderen Machtkämpfen innerhalb der ganzen Familie –, um andere zu ärgern. Vielmehr können Kinder Zeit genießen.

Gehetzte Kinder sind gestresste Kinder, und die drei großen Unruhe- und Stressherde, nämlich Medien, Schule und Familie, tragen ihren gehörigen Anteil dazu bei, dass Zeitrhythmen von Kindern immer weniger beachtet und ernst genommen werden. Ein Kind, das immer wieder eine bestimmte Geschichte, ein ganz bestimmtes Märchen oder eine ganz bestimmte Unterhaltung wünscht, braucht die zeitintensive Wiederholung ebenso für sein Verständnis der Dinge wie ein Kind, das langsam isst und sich damit Zeit für sich selber einräumt. Langsamkeit ist oft nichts anderes als der Appell »Lass(t) mir doch bitte Zeit!«.

Wir dürfen Kindern nicht permanent unseren eigenen Zeitrhythmus aufdrücken. Hektik und Eile schaffen Störungen in der Konzentrationsfähigkeit von Kindern, und Hetze begrenzt die Wahrnehmungsbereitschaft aller Mädchen und Jungen. Kann es sein, dass Erwachsene den Begriff der »Langsamkeit« deswegen so abwerten, weil sie sich selber immer weniger Zeit zum Genießen zugestehen?

Jedes Kind hat ein Recht auf seine Geheimnisse

»Markus, ich weiß doch, dass du was hast. Den ganzen Tag rennst du nun schon mit niedergeschlagenen Augen durch die Gegend, und da merke ich schon, dass dich was bedrückt. Du weißt doch, dass du mir alles, aber auch wirklich alles sagen kannst. Oder hast du kein Vertrauen zu mir? Bisher hast du doch immer die Erfahrung gemacht, dass ich dir helfen konnte ...« Der Vater von Markus gibt sich in diesem Beispiel alle Mühe, seinem Sohn klarzumachen, dass es für ihn besser ist, wenn er mit seinem Geheimnis rausrückt. Aber Markus bleibt stumm, und je mehr der Vater insistiert, desto »bockiger« reagiert sein Sohn.

Eltern glauben häufig, dass Kinder ihnen *alles* sagen sollten, was sie belastet. Doch auch Kinder haben ein Recht, Geheimnisse zu haben, die nur sie selber oder vielleicht noch ihre Freundinnen oder Freunde kennen. Geheimnisse können etwas Wunderschönes sein, wenn man ganz allein der Hüter einer wichtigen Verschlusssache ist. Gleichzeitig machen Geheimnisse natürlich auch neugierig, nämlich diejenigen Menschen, die ein Geheimnis vermuten, aber damit leben müssen, es nicht zu erfahren. Geheimnisse vermitteln nicht zuletzt ein Gefühl der Macht. Dem anderen bleibt dabei nur die Ohnmacht des Nicht-Wissenden – und gerade das auszuhalten ist eine schwere Probe.

Kinder brauchen Geheimnisse: Nicht ohne Grund gibt es immer mehr Spielzeuge, in denen »Geheimfächer« und »Geheimschubladen« versteckt sind. Kinder sagen uns mit ihren Geheimnissen nichts anderes als das: »Lass mich bitte auch hier ganz in Ruhe. Da gibt es etwas, das ich ganz und gar für mich behalten möchte. Viel zu viel wissen alle

Ich sag dir ein Geheimnis, aber du darfst es niemandem weitererzählen!

Menschen schon von mir, und da ich auch etwas zu meinem ganz persönlichen Schutz brauche, gibt es das Geheimnis. Und das gehört mir *allein*.«

Jedes Kind hat ein Recht auf körperliche Unversehrtheit und ein gewaltfreies Leben

Es ist kaum fassbar, dass in den alten Bundesländern alle zehn Minuten ein Kind von seinen Eltern krankenhausreif geschlagen wird, dass jährlich über 200 Kinder an den Folgen elterlicher Prügel sterben und nach Schätzungen von Experten rund 450 000 Kinder jährlich misshandelt werden. Und dabei weisen alle Untersuchungen eine steigende Tendenz auf. Körperliche Unversehrtheit ist ein Grundrecht, das leider auch in einem hoch industrialisierten Land nicht grundsätzlich beachtet wird.

Während der Sommermonate begab es sich in einem Freibad, dass ein Vater seinem etwa sechsjährigen Sohn das Schwimmen auf folgende Art und Weise beibringen wollte: Der Vater stieg zusammen mit dem Kind ins Wasser, eilte dann aber mit schnellen Schwimmzügen an den Beckenrand und forderte seinen Sohn auf, nun endlich zu schwimmen. Das Kind schrie wie am Spieß, und immer, wenn es den Beckenrand fast erreicht hatte, stieß der Vater den Sohn wieder ein Stück zurück. Alle anwesenden Erwachsenen, die in unmittelbarer Nähe dabei waren, drehten sich auf der Wiese um und kümmerten sich nicht um die offensichtliche Misshandlung, bis schließlich ein beherzter Badegast den Vater aufforderte, das Drama sofort zu beenden. Als der Junge an Land war, warf er sich auf den Boden und schrie aus Leibeskräften weiter.

»Seht doch, was ich alles kann« bedeutet hier, dass das herzzerreißende Schreien ein Protest höchsten Maßes an den Vater war: »Du hast mich gequält, und darum hasse ich dich.« Vielleicht war es auch ein Appell an die anderen, die nicht eingegriffen haben, etwa im Sinne von »Ihr habt alles gesehen, und keiner hat mir geholfen – ich vertraue niemandem mehr!« Der Junge ließ sich von niemandem anfassen oder ansprechen.

Jedes Kind hat ein Recht darauf, seine Krankheiten auszukurieren

»Können Sie heute auf Inge besonders achten? Sie hatte heute Morgen leicht erhöhte Temperatur (wie sich später herausstellte, lag die Fieberhöhe bei 39,5° C). Hier sind zwei Fieberzäpfchen, die können Sie ihr bei Bedarf einführen.« So bat eine Mutter die Erzieherin ihres Kindes darum, für ihr krankes Kind an diesem Tag zu sorgen.

Krankheiten werden immer weniger ernst genommen und verstanden. Gleichzeitig werden Kinder mit Medikamenten voll gestopft, um dafür zu sorgen, dass sie möglichst schnell wieder gesund werden. Krankheiten sind immer auch ein Ausdruck innerer Spannungen und Schwierigkeiten, und je weniger die Einheit von Körper, Geist und Seele beachtet wird, umso mehr werden Krankheiten als ein rein körperliches Leiden eingestuft. Krankheiten von Kindern – wie auch von Erwachsenen – sind ein Signal: »Mir geht es schlecht.« Krankheiten sagen den Erwachsenen unter Umständen auch Folgendes: »Ich, die Seele, fühle mich grundsätzlich unverstanden. Daher bleibt mir nur der eine Weg übrig, auf meine Störung auf-

Mir tut der Hals so weh und meine Nase läuft –
aber dafür muss ich nicht in die Schule gehen.

merksam zu machen, indem ich mit einer Krankheit mein seelisches Ungleichgewicht offensichtlich nach außen trage.«

Kinder brauchen in vielen Fällen nicht so sehr irgendwelche Medikamente, sondern die Möglichkeit, wie Erwachsene »krankzufeiern«. Was kann es doch für ein herrliches Gefühl sein, für ein oder zwei Tage ganz umsorgt zu werden, sich das Essen zu wünschen und ein wenig Verwöhnung zu genießen, einen Elternteil mal ganz und gar für sich allein zu haben. Krankheiten passen aber offensichtlich nicht in die Erwartungen vieler Erwachsener, und so kommt es, dass auch kranke Kinder in ihrer Krankheit selbst »abgeschoben« werden.

Jedes Kind hat ein Recht auf Neugierde und Risikobereitschaft

Voller Stolz und Freude berichtet Helge, dass er heute auf dem Gelände des Kindergartens auf einen Baum geklettert ist und von da oben einen herrlichen Blick auf die anderen Kinder hatte. Völlig überrascht und voller Vorwürfe suchen die Eltern sofort den Kontakt zur Kindergartenleiterin, erinnern sie an ihre Aufsichtspflicht, drohen mit einer Einberufung des Elternbeirats und einer »gesalzenen Information an den Träger«.

Viele Eltern trauen ihren Kindern eher wenig zu und sind dann in heller Aufregung, was alles hätte passieren können, wenn es nicht zufällig so ausgegangen wäre, wie es nun einmal ausgegangen ist. Schon der Gedanke daran kann Panik auslösen. Und die Vorwürfe bekommt entweder das Kind (»Was hätte dir nicht alles passieren können«)

oder die Einrichtung mit den entsprechenden Mitarbeiterinnen zu hören (»Bisher dachten wir, wir könnten uns voll und ganz auf diese Einrichtung verlassen. Aber was heute geschehen ist, verändert unsere Einstellung völlig!«). Gerade im Klettern oder im Bauen von Höhlen drücken Kinder aus, was sie eigentlich fühlen:»Immer traut ihr mir so wenig zu; seht doch nun ein, dass ich es doch schaffe.« Viele Erwachsene lassen Kinder gar nicht richtig leben, weil sie ihnen Risiken nicht zugestehen. Sollte dies ein Spiegelbild für eigene Risikoangst sein?

Jedes Kind hat ein Recht darauf, Fehler zu machen

Kinder bis zum siebten Lebensjahr gehen in dem, was sie tun, anders vor als Jugendliche und Erwachsene. Nehmen wir einmal an, Eltern oder Erzieherinnen im Kindergarten haben mit den Kindern über eine längere Zeit das »richtige Verhalten im Straßenverkehr« (ein)geübt, so dass Kinder zum Beispiel wissen, dass sie bei Rot an einer Ampel stehen bleiben müssen. Stellen wir uns weiter vor, dass das Kind auf der einen Straßenseite steht und auf der gegenüberliegenden Seite winkt plötzlich eine Freundin des Kindes – eine Freundin, die das Kind schon sehr lange nicht gesehen hat. Überrascht und voll Freude wird es loslaufen, ohne in diesem Augenblick auf die Verkehrszeichen zu achten. Gleiches kann übrigens auch einem Erwachsenen passieren, der an derselben Ampel steht und plötzlich auf der anderen Straßenseite den Bus sieht, mit dem er unbedingt fahren will. Kinder handeln häufig, ohne erst in großen Gedankengängen ein Für und Wider abzuwägen.

Ist das Absicht der Kinder, solche Gefahren zu provozieren? Ist das der Wunsch vieler Kinder, Erwachsene zu provozieren? Ist das Gedankenlosigkeit von Kindern, um Gebote bewusst zu übertreten?

Hier kommt eine entwicklungs*physiologische* Tatsache zum Tragen, dass nämlich das Verhalten von Kindern in ihrem *Tun* begründet ist und nicht aus ihrem Denken heraus.

Ein Kind, das experimentiert und dabei etwas macht, was Erwachsenen nicht gefällt, demonstriert damit: Seht doch, dass ich etwas ausprobieren kann!

Zu oft unterstellen Eltern ihren Kindern »Vergesslichkeit«: »Hab ich dir nicht schon tausendmal gesagt, dass du dir erst die Schuhe sauber machen sollst, bevor du das Haus betrittst?« Und gleichzeitig vergessen sie dabei, dass Kinder sich auf ihre Eltern freuen. »Hab ich dir nicht immer schon gesagt, dass du unseren Besuch erst begrüßen sollst, bevor du in dein Zimmer gehst?« Sie vergessen dabei, dass Kinder sich unendlich darauf freuen, endlich wieder in ihrem Zimmer weiterspielen zu können. »Weißt du denn nicht, dass wir alle gemeinsam mit dem Essen anfangen?« Das leckere Essen ist eben zu einladend, um sich an die Absprache noch zu erinnern.

Kinder handeln *vor* dem Denken – das ist ihr Privileg. Die Konsequenz heißt nun natürlich nicht, alle Regeln auszusetzen, auf Verkehrshinweise und deren Bedeutung zu verzichten oder auf Absprachen keinen Wert zu legen. Vielmehr muss es darum gehen, Kinderhandeln zu verstehen und »Fehler« nicht überzubewerten.

So will ein Kind, wenn es von draußen in die Wohnung stürmt, uns etwas ganz Wichtiges erzählen (Erzählen als Handlung).

So möchte ein Kind, das mit dem Schmusen gar nicht aufhören will, uns sagen, wie gerne es uns mag (Schmusen als Handlung).

So will ein Kind, das einen großen Stock vom Baum abbricht, damit etwas bauen oder ihn als Werkzeug gebrauchen (Abbrechen als Handlung). Verstehen muss nicht akzeptieren heißen, aber es lässt so genannte Bestrafungen überflüssig werden.

Jedes Kind hat ein Recht auf einen großzügigen Bewegungsraum

Hanne und Thorsten, zwei fünf- und siebenjährige Geschwister, spielen zunächst in ihrem Kinderzimmer. Das scheint auch ganz gut zu gehen, bis plötzlich Hanne aus dem Zimmer stürzt und Thorsten hinter ihr her rennt. Beide quietschen dabei vor Anspannung, laufen mit hochroten Gesichtern durch die Wohnung, rufen sich irgendetwas zu und sind mit Feuereifer bei ihrer »Hetzjagd«. Natürlich nicht allzu lange, weil die Eltern sich in ihrer Ruhe gestört fühlen, und so fordern sie die Kinder auf, zurück ins Kinderzimmer zu gehen und dort weiterzuspielen. Hanne und Thorsten folgen dem Punkt setzenden Wunsch nur äußerst ungern. Nun geht's im Kinderzimmer aber weiter. Spielsachen kippen um, die Schreie werden wieder lauter, und ein zweites Donnerwetter tönt nach kurzer Zeit durch die Wohnung.

Gefühle sind die ständigen Begleiter von Kindern – ob es Trauer, Wut, Ärger, Angst oder Freude ist. Gefühle gehören dabei ebenso zum Leben wie das Essen und Trinken. Enttäuschungen, Entbehrungen oder Spannungen jedweder Art aktivieren in uns ein Stresshormon, das Kinder wie Erwachsene unter eine weiter zunehmende Spannung setzt. Und gerade diese Spannungszustände können Kinder (und auch viele Erwachsene) nicht mit wohl überlegten Worten »in den Griff bekommen«, sondern vor allem über Bewegungen ausleben. Treffend, aber »unmedizinisch« ausgedrückt kann gesagt werden, dass Bewegung das Stresshormon »verbrennen« lässt. Bewegungen helfen also dabei, Spannungen loszuwerden und damit zu verringern.

Kinder, die unter Spannung gehalten werden, müssen ihren Bewegungsraum haben, um sich wieder eine Gefühlsfreiheit zu erarbeiten. Kinder, die sich in Schulstunden nicht bewegen dürfen, ihre Spannung also nicht abbauen können, müssen in den Pausen oder nach der Schule rennen, schreien, miteinander kämpfen usw. Es ist zum Beispiel völlig sinnlos, ein bewegungsaktives Kind im Augenblick seiner Aktivität in seinem Bewegungsdrang zu unterdrücken. Kinder, die während des Essens ihre Eltern durch ihre Unruhe und durch »Zappeln« stören, brauchen Bewegungsräume, in denen sie die vielfältigen Möglichkeiten finden, motorisch aktiv zu sein. Bewegungsräume sind notwendig, wenn Kinder sich entwickeln sollen. Und diese Forderung ist in gleichem Maße für Eltern und Städteplaner, Architekten und Pädagogen/-innen bedeutsam. Ein innerlich bewegtes Kind sucht einen Gefühlsausdruck durch seine *Bewegungen* – es ist aktiv, lebendig, unruhig und voller Neugierde (siehe Foto auf Seite 171).

»Seht doch, wie viel Spannungen ich in mir trage«, will ein Kind mit seinem Bewegungsdrang demonstrieren. Uns Erwachsenen will es damit sagen, dass es Platz und Raum braucht, um wieder ins Gleichgewicht der Gefühle finden zu können.

Jedes Kind hat ein Recht darauf, seine eigene Meinung deutlich zu vertreten

»Nein, ich will Oma und Opa keinen Kuss geben. Deren Küsse sind immer so nass!« So wehrt sich Jennifer vehement gegen die Überredungsversuche ihrer Eltern, den Großeltern einen Kuss bei der Begrüßung zu geben. »Und dabei kommen Oma und Opa doch nur einmal im Jahr zu Besuch. Was meinst du, wie sie sich freuen. Vielleicht packen sie ihr Geschenk für dich dann auch erst gar nicht aus, oder sie meinen, du hast sie überhaupt nicht mehr lieb. Tu's doch bitte unseretwegen. Wir wissen doch, wie gerne Oma und Opa dich haben.« Doch alle Überredungskünste, Drohungen und Lockungen nützen nichts. Schließlich »zischelt« der Vater leise zu Jennifer herüber: »Na warte, wenn du noch einmal zu mir kommst und etwas willst. Dann sage ich auch nur, dass ich nicht will.« Das saß offensichtlich, und lustlos schlendert endlich seine Tochter zuerst zu Opa, dann zu Oma und drückt ihnen einen kurzen Kuss auf die Wange.

Sicherlich kennen viele Eltern solche Beispiele, in denen es darum geht, die »Kraft der eigenen Autorität zu demonstrieren« und sich dabei allerdings wohl oder übel auf einen dieser unsäglichen Machtkämpfe einzulassen.

Jennifer hat ihren »eigenen Kopf«! »Seht doch, was ich alles kann« zeigt an diesem Beispiel nichts anderes, als dass Jennifer sich entschieden hat, den Großeltern eben *keinen* Kuss zu geben. Sie demonstriert auf klare und eindeutige Weise, dass sie selber bestimmen will, mit wem sie Intimitäten austauscht und mit wem nicht. Doch anstatt gerade dieses wichtige Eigenwertgefühl der Tochter zu akzeptieren, wird überredet, gedroht und sogar erpresst. Und immer haben dabei Kinder den Kürzeren zu ziehen. Nur in den wenigsten Fällen setzen sich Eltern – so wie es in dem Beispiel mit Jennifer möglich gewesen wäre – mit den Großeltern auseinander und versuchen ihnen zu verdeutlichen, dass ihre Tochter aus ihr eigenen Gründen einfach nicht mag.

»Willst du nicht doch lieber die warmen Schuhe anziehen – es wird dir sonst sicherlich an den Füßen zu kalt.« Ja und – warum lassen wir Kinder nicht selber die Erfahrung machen?

»Willst du nicht doch noch etwas mehr essen – bestimmt hast du wieder in einer halben Stunde Hunger und kommst dann angerannt.« Ja und – warum kann ein Kind sich dann nicht selber ein Butterbrot machen oder bis zum nächsten Essen warten?

»Willst du nicht doch lieber das grüne Kleid anziehen – es passt doch viel besser zu deinen Strümpfen und Schuhen.« Ja und – warum muss denn farblich alles genau passen?

»Willst du nicht doch lieber dein Zimmer aufräumen? Du trittst ja auf alle deine Spielsachen.« Ja und – wenn etwas kaputtgeht, dann ist es doch das Problem des Kindes und nicht der Erwachsenen, die selbstverständlich nicht gezwungen sind, sofort Ersatz zu kaufen.

»Willst du nicht wenigstens das Essen probieren? Du weißt doch gar nicht, wie das schmeckt.« Ja und – dann steht das Kind eben mit hungrigem Magen wieder auf und wird nicht verhungern.

Kinder haben ihren eigenen Willen, und die ständigen Versuche, ihnen Entscheidungen abzunehmen, lässt Kinder immer mehr um ihre Rechte kämpfen.

Endlich können wir wieder raus und so richtig toll spielen!

Jedes Kind hat ein Recht darauf, in seinen Bezugspersonen Bündnispartner für seinen Entwicklungsweg zu finden

Der Vater des siebenjährigen Johannes erzählt während eines Elterngesprächs ganz entsetzt, dass die Lehrerin seines Sohnes ihn zu einem Gespräch (ein)geladen habe. Dabei berichtete die Lehrkraft, dass Johannes sehr viel mit den Ausländerkindern der Klasse zusammenspiele, und sie sei nun der Meinung, dass die »Neger und Marokkaner« keinen guten Einfluss auf Johannes ausübten. »Ob Sie als Vater denn nicht mal etwas darauf Einfluss nehmen können, dass sich Ihr Sohn auch andere Spielkameraden aussucht?« – mit diesem Satz schloss das Gespräch.

Darauf angesprochen, wie er als Vater denn nun reagiert habe auf solche Dummheit und Arroganz der Lehrerin, meint er:»Mir fiel dazu wirklich nichts ein. Sicherlich hätte ich was sagen können, aber wissen Sie, mir ist schon bekannt, dass es dann ja doch nur mein Sohn wieder ausbaden muss. Ich kann der Lehrerin doch nicht sagen, dass das meiner Meinung nach schon richtig faschistische Aussagen sind. Nein, da halte ich lieber den Mund und denke mir meinen Teil.«

Im Gegensatz zum Vater, dessen Protest sich nur im Kopf abspielt, zeigt Johannes durch sein Handeln, was er für richtig ansieht, zumal er nach einem Gespräch mit der Lehrerin nur klar zum Ausdruck brachte, dass »die Ausländerkinder« eben seine Freunde sind.

Kinder brauchen in ihren Bezugspersonen, den Eltern und Verwandten, Lehrern und Erziehern, Bündnispartner/-innen ihrer Entwicklung, und dazu ist es notwendig, laut und aktiv zu handeln. Fast immer sind es die Vermu-

tungen (»Wenn ich das ansprechen würde, was ich denke,
dann hätte es bestimmt negative Auswirkungen auf mein
Kind« – »Wenn ich respektieren würde, dass Jennifer den
Kuss verweigert, dann hängt der Haussegen zwischen ihr
und den Großeltern bestimmt die ganze Woche schief« –
»Wenn ich mich für das Kind, dessen Vater es immer wieder ins Wasser zurückschubst, einsetzen würde, dann sagt
er mir bestimmt, ich hätte mich in seine Erziehungsmetho-
den nicht einzumischen«), die uns daran hindern, als
Bündnispartner/-innen für Kinder einzutreten. Ob dies
wohl ein Spiegel eigener Unsicherheiten ist?

Gesetzlich verbriefte Rechte von Kindern

Diese und weitere daraus abzuleitende Rechte von Kindern sind ebenso natürlich wie erwähnenswert, denn sie
gehören noch längst nicht zur Realität von Kindern. Ein
Kind kann uns nur zeigen, was es alles kann, wenn wir
Kinder »sich verhalten lassen«. Nicht ohne Grund heißt es
unter anderem im »Gesetz zur Neuorientierung des Kin-
der- und Tugendhilfebereichs – KJHG«, dass

- »jeder junge Mensch ein Recht auf Förderung seiner
  Entwicklung und auf Erziehung zu einer eigenverant-
  wortlichen und gemeinschaftsfähigen Persönlichkeit
  hat« (§ 1,1),
- »Kinder und Jugendliche entsprechend ihrem Ent-
  wicklungsstand an allen sie betreffenden Entscheidungen der öffentlichen Jugendhilfe zu beteiligen sind« (§
  8,1),

- »die wachsende Fähigkeit und das wachsende Bedürfnis des Kindes und Jugendlichen zu selbständigem, verantwortungsbewußtem Handeln ... zu berücksichtigen sind« (§ 9,2),
- »die unterschiedlichen Lebenslagen von Mädchen und Jungen zu berücksichtigen, Benachteiligungen abzubauen und die Gleichberechtigung von Mädchen und Jungen zu fördern sind« (§ 9,3),
- (entsprechende Maßnahmen) »junge Menschen befähigen sollen, sich vor gefährdenden Einflüssen zu schützen, und sie zu Kritikfähigkeit, Entscheidungsfähigkeit und Eigenverantwortlichkeit sowie zur Verantwortung gegenüber ihren Mitmenschen führen sollen« (§ 14,2.2).

Desgleichen finden wir im »Übereinkommen über die Rechte des Kindes« (UNO-Convention on the rights of the child), das nach einigen Verzögerungen auch von der Bundesrepublik Deutschland unterschrieben wurde, gesetzlich verbriefte Rechte für Kinder. So wird zum Beispiel »den Kindern ... das Recht zugesichert, die eigene Meinung in allen das Kind berührenden Angelegenheiten frei zu äußern«. Gleichzeitig sichern die Vertragsstaaten zu, »die Meinung des Kindes angemessen und entsprechend seinem Alter und seiner Reife zu berücksichtigen« (Artikel 12,1).

Das Recht auf freie Meinungsäußerung »schließt die Freiheit ein, ungeachtet der Staatsgrenzen Informationen und Gedankengut jeder Art in Wort, Schrift oder Druck, durch Kunstwerke oder andere vom Kind gewählte Mittel sich zu beschaffen, zu empfangen und weiterzugeben« (Artikel 13,1). Darüber hinaus heißt es

- in Artikel 14,1:»Die Vertragsstaaten achten das Recht des Kindes auf Gedanken-, Gewissens- und Religionsfreiheit«;
- in Artikel 15,1:»Die Vertragsstaaten erkennen das Recht des Kindes an, sich frei mit anderen zusammenzuschließen und sich friedlich zu versammeln«;
- in Artikel 16,1:»Kein Kind darf willkürlichen oder rechtswidrigen Eingriffen in sein Privatleben ... seinen Schriftverkehr oder rechtswidrigen Beeinträchtigungen seiner Ehre und seines Rufes ausgesetzt werden«;
- in Artikel 16,2:»Das Kind hat Anspruch auf rechtlichen Schutz gegen solche Eingriffe oder Beeinträchtigungen«;
- in Artikel 23,1:»Die Vertragsstaaten erkennen an, daß ein geistig oder körperlich behindertes Kind ein erfülltes und menschenwürdiges Leben unter Bedingungen führen soll, welche die Würde des Kindes wahren, seine Selbständigkeit fördern und seine aktive Teilnahme am Leben der Gemeinschaft erleichtern«;
- in Artikel 27,1:»Die Vertragsstaaten erkennen das Recht jedes Kindes auf einen seiner körperlichen, geistigen, seelischen, sittlichen und sozialen Entwicklung angemessenen Lebensstandard an«;
- in Artikel 32,1:»Die Vertragsstaaten erkennen das Recht des Kindes auf Ruhe und Freizeit an, auf Spiel und altersgemäße aktive Erholung sowie auf freie Teilnahme am kulturellen und künstlerischen Leben«;
- in Artikel 37a:»Die Vertragsstaaten stellen sicher, daß kein Kind ... einer ... grausamen, unmenschlichen oder erniedrigenden Behandlung oder Strafe unterworfen wird«;

• in Artikel 37b: »Die Vertragsstaaten stellen sicher, daß keinem Kind die Freiheit rechtswidrig oder willkürlich entzogen wird.«

In allen formulierten Rechten geht es schlichtweg um die Anerkennung der Menschenwürde. Es wäre fatal, dabei immer nur an die »großen Kinderrechtsverletzungen« zu denken – nein, es sind genau die täglichen Rechtsverletzungen vor Ort, in den Einrichtungen und zu Hause, die stillschweigend und unbeachtet schnell übersehen werden.

Erinnern wir uns noch einmal kurz zurück: Wenn ein Kind überbehütet und überversorgt wird, ihm viele Verantwortlichkeiten abgenommen werden, weil für das Kind und nicht mit ihm gedacht wird – wo bleibt da sein Recht auf Eigenverantwortlichkeit (KJHG § 1,1)?

Wenn Gruppengrößen in Kindergärten aufgrund finanzieller Zwänge unverantwortlich hoch gesetzt werden – wo bleibt da das Recht der Kinder, an diesen Entscheidungen beteiligt zu sein (KJHG § 8,1)?

Wenn Kinder sich mit ihren Freunden / Freundinnen verabreden wollen und dies von Erwachsenen nicht zugelassen wird – wo bleibt da ihr Recht auf selbständiges Handeln (KJHG § 9,1)?

Wenn immer noch geschlechtsspezifische Unterscheidungen durch Erwachsene getroffen werden im Sinne von »Ein Junge weint doch nicht« oder »Ein Mädchen schlägt sich nicht« – wo bleibt da die Förderung der Gleichberechtigung von Jungen und Mädchen (KJHG § 9, 3)?

Wenn Kinder in dem, was sie sagen möchten, gehindert werden beziehungsweise ihnen das Recht abgesprochen wird, ihre Meinung so zu sagen, wie sie etwas nun einmal sagen möchten – wo bleibt da ihr Recht auf freie Meinungsäußerung (UNO-Konvention, Artikel 12,1)?

Wenn Kinder aufgrund berechtigter Ängste lügen – wo bleibt da ihr Recht auf Gewissensfreiheit (UNO-Konvention, Artikel 14,1)?

Wenn Kinder sich nicht trauen, ihre Gedanken auch gegen den Wunsch der Erwachsenen auszusprechen – wo bleibt da ihr Recht auf Gedankenfreiheit (UNO-Konvention, Artikel 14,1)?

Wenn die Intimität von Kindern nicht geachtet wird – sei es in der vielfältigen sexuellen Ausbeutung, den offenen Toiletten in Kindergärten oder in der Verletzung ihres Schamgefühls – wo bleibt da das Recht der Kinder auf ihr Privatleben (UNO-Konvention, Artikel 16,1)?

Wenn Kinder vor anderen lächerlich gemacht werden – wo bleibt da ihr Recht auf Beachtung ihrer Ehre und ihres Rufes (UNO-Konvention, Artikel 16,1)?

Wenn Kinder mit Behinderungen durch eine Übertherapierung oder eine überwiegend körperliche Versorgung in Sekundärbehinderungen hineingedrängt werden – wo bleibt da das Recht der Kinder auf ein erfülltes, würdevolles und gesamtentwicklungsunterstützendes Leben (UNO-Konvention, Artikel 23,1)?

Wenn Kinder mit Medien und Spielzeug überflutet werden – wo bleibt da ihr Recht auf eine gesunde psychosoziale Entwicklung (UNO-Konvention, Artikel 27,1)?

Wenn Kinder mit Förderprogrammen, verfrühter Schulvorbereitung und überfrachteten Tages-/Wochenplänen überfordert werden – wo bleibt da ihr Recht auf Ruhe, Freizeit, Spiel und Erholung (UNO-Konvention, Artikel 32,1)?

Wenn Kinder nicht den Erwartungen der Bezugspersonen entsprechen und bestraft werden – wo bleibt da ihr

Recht auf eine straffreie Pädagogik, zumal Strafen von Kindern fast immer als erniedrigend und grausam angesehen werden (UNO-Konvention, Artikel 37a)?

Sicherlich ist es einfach, zunächst einmal die »großen« Rechtsverletzungen zu attackieren – doch je genauer im eigenen Umfeld die Wahrnehmung für Rechtsverletzungen geschärft wird, desto mehr fallen tägliche Verletzungen der Rechte von Kindern auf. Kinder werden sich wehren und uns damit sagen, dass ihre Rechte mehr beachtet werden müssen.

Erziehung, durchdrungen von Leistung,
beherrscht von der Forderung,
ein Kind muss viel lernen,
und das je früher, je besser,
lässt wirkliches Fühlen im Ansatz ersticken.
Verfrühte Vernunft, Misshandlung der Seele,
zeugt Narben von bleibendem Wert.
Missachtung des Lebens, von Anfang an,
weil Narben der Seele
nur selten Beachtung erfahren.
Gefühllos und kalt, die Welt von heute,
schafft Kinder, die normgerecht weinen.
Schnell folgt ein Trost,
damit all ihr Schreien nicht noch lauter
zum endlosen Klagen der Seele anschwillt.

Nachwort

Gerne möchte ich in meinem Nachwort eine kurze Episode erzählen, die sich bei meiner täglichen Busfahrt zur Arbeitsstelle zugetragen hat. Sie ist zugleich ein »Dankeschön« an den unbekannten Jungen, der mich an seinem Dialog mit seiner Mutter teilnehmen ließ.

Es war an einem frühen Vormittag, als ich mich auf einen freien Platz in den Bus setzte. Mir gegenüber nahm ein älterer Herr Platz, den ich schon von einigen anderen Busfahrten kannte. Er hatte – auch dieses Mal – eine Einkaufstasche mit, in der er seinen kleinen Hund herumtrug. Immer wenn er sich setzte, öffnete er die Einkaufstasche, und dieser kleine Hund – mit einem bunten Schleifchen am Kopffell – streckte seinen Kopf heraus. Ich selber hatte mir die Sympathie des Mannes schon einmal dadurch verscherzt, als ich ihn fragte, ob es wohl die Neugierde des Hündchens sei, endlich zu sehen, wer noch mit dem Bus fahre, oder ob es vielleicht die Luftnot mit sich brachte, dass sein Hund außerhalb der Tasche vehement nach frischer Luft schnappte. Diese Frage mochte der Herr offensichtlich nicht, war er doch eher darauf aus, dass die in seiner Nähe sitzenden Fahrgäste eher voller Entzücken »das süße Hündchen« bewunderten.

Nun, an der nächsten Haltestelle stiegen ein ungefähr fünfjähriger Junge und seine Mutter in den Bus und setzten sich auf die noch freien Plätze zu uns: die Mutter neben den Mann und der Junge neben mich. Kaum, dass der Bus abfuhr, begann das bekannte Ritual. Der Mann öffnete seine Einkaufstasche, und sofort schaute der kleine Hund mit seinem Kopf heraus:»Schau mal, Jonas, ist das nicht ein wirklich süßer Hund?«, fragte die Mutter ihren Sohn, und bevor er noch antworten konnte, folgte eine zweite Frage:»Vielleicht möchtest du auch später mal so einen?« Jonas guckte kurz aus seinen Augenwinkeln zu dem Hund herüber und meinte in einem eher kühl-sachlichen Ton:»Weißt du, Mama, eigentlich hätte ich lieber ein Schwein.« Und während die Mutter etwas fassungslos nach einer offensichtlichen Erklärung für diesen Wunsch suchte, führte Jonas seinen eben begonnenen Satz fort:»Schweine sind so praktisch. Die fressen doch alles, was beim Essen übrig bleibt. Außerdem bellen die nicht.«

Die Mutter schaute etwas streng zu Jonas herüber, vielleicht auch deswegen, weil sie das Zusammenzucken des Mannes bei Jonas' Aussage bemerkte.»Guck mal, dieser Hund ist so klein und bestimmt sehr vernünftig. Und sicherlich sehr lieb. Mir gefällt er sehr. Dir nicht auch, Jonas?« Der Junge sagte nur kurz und fest:»Nein.«

Mit etwas versteinertem Lächeln drückte der Mann den Kopf seines kleinen Hundes wieder in die Einkaufstasche zurück, so, als wolle er kundtun, dass die Busgesellschaft dieses Mal wohl eine wirkliche Zumutung für seinen Hund sei und er es dem Tier ersparen wolle, solche Hundebanausen zu ertragen. Auch dieses Mal schien die Mutter die leichte Bestürzung des Mannes zu bemerken und wandte sich an den Mann:»Wissen Sie, Kinder überlegen häufig gar nicht, was sie da sagen. Sie müssen schon entschuldigen.« Und an Jonas gerichtet meinte sie:»Vielleicht willst du ja etwas über das Tier wissen. Stell dem Herrn doch eine Frage; bestimmt wird er dir gerne antworten.« Jonas überlegte nicht lange, guckte den Mann interessiert an und fragte:»Haben Sie's schon mal mit einem Schwein versucht?«

Ich habe selten so gelacht. Der Mann jedoch stand nach Jonas' Frage sofort auf, schüttelte den Kopf und suchte sich einen anderen Platz. Offensichtlich war er sehr erregt, da mir noch einige Wortfetzen wie»Lausebengel« und »unverschämtes Kind« zu Ohren kamen.

Jonas zeigte ein Verhalten, das sicherlich zu Recht mit Offenheit, Neugierde und Beständigkeit beschrieben werden kann. Und er blieb bei seinem ursprünglichen Interesse an der Haustierhaltung von Schweinen, einem heutzutage sicherlich eher seltenen Hobby. Dazu fällt mir ein Ausspruch von Hermann Hesse ein, der 1919 in seinem Werk *Eigensinn* schrieb:

»Eine Tugend gibt es, die liebe ich sehr, eine einzige. Sie heißt Eigensinn. – Von allen den vielen Tugenden, von denen wir in Büchern lesen und von Lehrern reden hören, kann ich nicht so viel halten. Und doch könnte man all die vielen Tugenden, die der Mensch sich erfunden hat, mit einem einzigen Namen erfassen. Tugend ist: Gehorsam. Die Frage ist nur, wem man gehorche. Nämlich auch der Eigensinn ist Gehorsam. Aber alle anderen, so sehr beliebten und gelobten Tugenden sind Gehorsam gegen Gesetze, welche von Menschen gegeben sind. Einzig der Eigensinn ist es, der nach diesen Gesetzen nicht fragt. Wer eigensinnig ist, gehorcht einem anderen Gesetz, einem einzigen, unbedingt heiligen, dem Gesetz in sich selbst, dem Sinn des Eigenen ... Würde die Mehrheit der Menschen diesen Mut und Eigensinn leben, so sähe die Erde anders aus.«[*]

* »Eine Tugend gibt es, die liebe ich sehr ...«, aus: Hermann Hesse: *Gesammelte Werke, Band 10: Eigensinn,* © Suhrkamp Verlag, Frankfurt am Main 1952

Viele Erwachsene haben heute mehr und mehr ihren Eigensinn verlernt durch Belastungen, Sorgen und Ängste. Gleichzeitig fällt es vielen Erwachsenen schwer, Verhaltensweisen bei Kindern zu entdecken, die sie selber einmal besaßen und nun vorgeführt bekommen – ganz praktisch und hautnah, und noch dazu von einem Kind, das diesen Eigensinn lebt.

»Seht doch, was ich alles kann«: Diese Aufforderung von Kindern kann uns dazu veranlassen, nicht nur auf die Stärken von Kindern zu schauen, sondern auch damit zu beginnen, von ihnen zu lernen.

Dank

Gerne möchte ich am Schluss meines Buches vor allem den Menschen Dank sagen, die dazu beigetragen haben, dass ich heute Kinder dadurch immer besser verstehen kann, weil ich selber als Kind verstanden wurde: Dank meinen Eltern, die trotz meiner »bockigen und verschlossenen Verhaltensweisen« nie ihren Optimismus verloren haben und den Mut fanden, mit ihrem »zurückgezogenen Sohn« eine »Erziehungsberatungsstelle« aufzusuchen. Dank meiner damaligen Kindergärtnerin in Neukirchen-Vluyn, die meinen Freundinnen (Anni, Dorothea) und Freunden (Helmut, Willi) ebenso wie mir viel Freiraum schenkte, uns auszuprobieren und auch zurückzuziehen, die mich spüren ließ, was Wahrung persönlicher Freiheit und Intimität praktisch heißt, und die schon damals (1955–1958) dafür Sorge trug, dass ich unendlich viel spielen konnte. Dank meinem ehemaligen Grundschulrektor und Klassenlehrer (P. Caumanns), der mit meiner Klasse einen praktischen Naturkunde- und Sachunterricht in den nahe gelegenen Wäldern am Niederrhein durchführte, dass ich lernen durfte, dass Natur etwas Schützenswertes und meine Freude an der Gartenarbeit sicherlich mit darauf zurückzuführen ist. Mit Schrecken dagegen denke ich an meine Gymnasialzeit, in der ich Lehrer erleben musste, die Angst und Schrecken in der Schule verbreiteten. Doch sie vermochten es nicht, meine Sicherheit aus der Familie und dem Kindergarten zu brechen.

Kommentierte Literaturhinweise für Eltern und Erzieher/-innen

Im Folgenden werden einige lesenswerte Bücher genannt und kurz vorgestellt, damit interessierte Eltern und Erzieher/-innen die Möglichkeit nutzen können, sich mit dem Thema einer kindorientierten Erziehung vertiefend zu beschäftigen. Die Buchhinweise erheben nicht den Anspruch auf Vollständigkeit; gleichzeitig sind die Kurzkommentare sicherlich subjektiv. Hier geht es einfach darum, interessante Buchhinweise für die Praxis im gemeinsamen Leben mit Kindern zu geben und neugierige Leser/-innen auf weiterführende Literatur aufmerksam zu machen.

Astington, Janet Wilde: *Wie Kinder das Denken entdecken*
München: Ernst Reinhardt 2000
Kinder in den ersten drei Lebensjahren verstehen die Welt um sich herum als eine Ansammlung von Gegenständen und Ereignissen, die darauf warten, von ihnen selbst entdeckt und bestimmt zu werden. Ihr egozentrisches Denken – als eine Überlebensstrategie zur Erfüllung ihrer Grundbedürfnisse – entwickelt sich nur langsam zu einem sozial ausgerichteten Denken, wenn dabei bestimmte Voraussetzungen in ihrem Umfeld erfüllt sind. Die Autorin hat jahrelange Forschung zur Denkentwicklung von Kindern betrieben und führt in faszinierender Art und Weise Leser/-innen in diesen wichtigen Bereich der Entwicklungspsychologie ein.

Blasband, Philippe: *Max und Minnie*
Bern/München: Scherz 1998 und München: Piper 2000

Der kleine und dickliche Max ist zehn Jahre alt, als er völlig überraschend erfährt, dass er eine gleichaltrige Cousine hat. Sie heißt Minnie und ist ebenso spindeldürr wie kühn. Max ist fasziniert von dem kratzbürstigen Mädchen, das den plötzlichen Tod des Vaters weder verstehen noch ertragen kann. Max besucht jeden Mittwochnachmittag seine Cousine, und zwischen den beiden Kindern entsteht eine zarte Liebe, die ihnen den Mut zum (Weiter-)Leben gibt. Der dicke, schüchterne Junge wird mutig und das kratzbürstige Mädchen aufgeschlossen. Ganz nahe kommen sie dem Glück, bis ... Das Buch ist eine zauberhafte Geschichte, die vielleicht an Situationen des eigenen Lebens und das der eigenen Kinder erinnert.

Crotti, Eva und Magni, Alberto: *Die geheime Sprache der Kinder. Kinderzeichnungen richtig deuten*
München: Beust 1999

Kinder drücken sich ganz unterschiedlich aus, je nachdem, welche Lebenserfahrungen sie gemacht haben und wie sie bestimmte Ereignisse bewerten. Dabei kommt dem Malen und Zeichnen eine besondere Bedeutung zu, weil Kinderbilder nie »durch Zufall« entstehen, sondern stets ein Aus-druck der Seele sind. Die beiden Autoren haben dazu ein sehr praktisches Buch geschrieben, das anhand vieler Beispiele in die Deutung von Kinderbildern einführt. Ihr guter Ruf, der über die Grenzen Italiens hinausgeht, steht dabei Pate für eine solide Arbeit, womit der Gefahr begegnet werden soll, Kinderbilder subjektiv zu interpretieren.

Ennulat, Gertrud: *Du, ich will dir einen Traum erzählen.* *Mit Kindern über ihre Träume sprechen*
Zürich/Düsseldorf: Walter 1998

Die Autorin hat im Laufe ihrer Arbeit als Lehrerin ungezählte »Traum-Erzählstunden« mit Kindern durchgeführt. Dabei hat sie erfahren, wie erzählte Träume neue Lebenserkenntnisse und -energien freisetzen. Dadurch wird die innere Erlebnisfähigkeit des Kindes gestärkt und gleichzeitig seine Sprachkompetenz sowie das Vertrauen gefördert, persönliche und lebensgeschichtliche Veränderungen besser zu meistern. Das Buch richtet sich an Eltern, die die Möglichkeit nutzen wollen, das Erzählen von Träumen in den familiären Alltag aufzunehmen. Das ist ein pädagogischer Bereich, der viel zu wenig ernst genommen wird, für die Entwicklung von Kindern aber nicht ernst genug genommen werden kann.

Hentig, Hartmut von: *Kreativität. Hohe Erwartungen an einen schwachen Begriff*
Weinheim/Basel: Beltz 2000

Es gibt wohl kaum ein zweites Wort in der Pädagogik, das so häufig genutzt wird wie der Begriff »Kreativität«. Ob in der familiären Erziehung der Kinder, in der Schul- oder Kindergartenpädagogik: Fast immer wird »Kreativität« mit künstlerischem Können oder phantasievollem Basteln gleichgesetzt. Hartmut von Hentig, emeritierter Professor für Pädagogik an der Universität Bielefeld, legt eine lang erwartete Fachbetrachtung dieses Wortes vor. Dabei deckt er in einer sehr verständlichen Art und Weise traditionsgemäße Forschungs- und Praxismängel auf und gelangt schließlich zu einer klaren Bestimmung des Begriffes mit Konsequenzen für eine »kreative Lebensgestaltung« und eine wirklich »kreative Pädagogik«. Das Buch ist in einer Sprache verfasst, die Professor Hentig auszeichnet: prägnant, deutlich, klar und kompromisslos! Es ist fachlich ein »Leckerbissen«, und es ist persönlich sehr spannend, sich auf die Gedanken des Autors einzulassen. Gleichzeitig ist es notwendig, diesen Begriff endlich in seiner wirklichen Bedeutung im Umgang mit Kindern treffend zu erfassen.

Kaniak-Urban, Christine: *Jedes Kind hat seine Stärken.* *Typgerecht erziehen, seelische Nöte erkennen, Kompetenzen fördern*
München: Kösel, 2. Aufl. 1999

Kinder sind einerseits so unterschiedlich wie die vielfältigen Pflanzen auf einer bunten Sommerwiese. Andererseits zeigt sich bei genauerem Hinsehen bei vielen Kindern ein ähnliches Verhaltensmuster, das einen besonderen Umgang mit ihnen erforderlich, in Grundsätzen berechenbar und gleichzeitig notwendig macht. Die promovierte Schulpsychologin und Kinder- und Jugendpsychotherapeutin unternimmt den Versuch, vier Kindertypen zu unterscheiden: das »Seelchen-Kind«, das sich intensiv in andere einfühlt, das »Pflicht-Kind«, das sich über seine Nützlichkeit definiert, den »Abenteurer«, der mit Entschlossenheit und Mut persönliche (Selbst-)Erfahrungen sucht, und das »Schlaukopf-Kind«, das bestrebt ist, sich Wissen anzueignen. Viele Beispiele lassen die Textausführungen sehr lebendig werden, so dass sicherlich viele Eltern und Erzieher/-innen hilfreiche Anregungen für ihre eigene pädagogische Praxis finden können.

Kasten, Hartmut: *Geschwister, Vorbilder, Rivalen, Vertraute*
München: Ernst Reinhardt, 3. Aufl. 1999

Der Platz in der Geschwisterreihenfolge, das Geschlecht und der Altersabstand haben einen großen Einfluss auf die Entwicklung von Selbst- und Sozialentwicklung, auf Gefühle und Intelligenz. In diesem Buch zeigt der Entwicklungspsychologe und Pädagoge Hartmut Kasten das Thema in seiner ganzen Bandbreite auf und sensibilisiert Eltern, Geschwisterbeziehungen, Umgangsformen und Entwicklungen besser zu verstehen und gelassener und konstruktiver mit besonderen Vorkommnissen in Geschwisterbeziehungen umzugehen.

Krenz, Armin: *Mit Kindern jeden Tag erleben. Ein pädagogisches Gedankenbuch*
Modautal: Peter Höll, 3. Aufl. 1996

Es ist schwer, sich in einer Zeit voller Hektik und Unruhe als Kind zu entwickeln. Immer stärker treffen Kinder auf eine Welt, die ihnen nur wenig Möglichkeiten lässt, Ruhe zu erfahren, sich mit viel Zeit eigenen Interessen zu widmen und ungestört in die Tiefe von Erlebnissen einzutauchen. In diesem Buch werden Kurzzitate von bekannten Pädagogen und Psychologen aufgeführt und durch Gedankensplitter des Autors noch stärker fokussiert. Skizzen eines deutschen Graphikers, der in Dänemark lebt, unterstreichen die Texte und wollen betroffen machen, um eigene Erziehungsmaßstäbe zu überdenken beziehungsweise gegebenenfalls zur Korrektur anzuregen.

191

Krenz, Armin: *Was Kinderzeichnungen erzählen. Kinder in ihrer Bildsprache verstehen*
Freiburg: Herder 1999 (Neuausgabe)

Kinderzeichnungen sind Spiegelbilder der Seele – so hat es einmal eine bekannte Kinderpsychologin ausgedrückt. In diesem Buch wird zunächst erläutert, warum das Malen für Kinder und ihre Entwicklung so wichtig ist und wie die Mal- und Zeichenfähigkeit von Kindern auf–, ausgebaut und unterstützt werden kann. Der Hauptteil dieser Veröffentlichung handelt aber von den Grundbewegungen in Bildern, den Kritzeln und Symbolen, den Zeit- und Persönlichkeitsebenen in Bildern sowie den Farben und ihrem jeweiligen Bedeutungswert. Die Aussagen sind durch jahrelange Beobachtungen, therapeutische Arbeit mit Kindern und eigene Forschungsarbeit entstanden.

Largo, Remo H.: *Kinderjahre. Die Individualität des Kindes als erzieherische Herausforderung*
München: Piper, 5. Aufl. 2000

Der bekannte Professor für Kinderheilkunde und Leiter der Abteilung »Wachstum und Entwicklung von Kindern« am Kinderspital in Zürich gibt mit seiner Veröffentlichung eine fundierte Einführung in die Entwicklungspädagogik und -psychologie. Dabei wendet er sich vor allem den Fragen zu, wie die Individualität eines Kindes entsteht, welche Rolle die Anlage und welche die Umwelt spielt, welche Grundbedürfnisse bei Kindern bestehen und wie sich das Bindungsverhalten aufbaut, wie Entwicklung und Lernen geschehen sowie das Verhältnis von Fremd- und Selbstbestimmung ausgeprägt sein kann oder soll. Viele Beispiele machen das Buch zu einem unverzichtbaren Grundlagenwerk.

Lewis, Richard: *Leben heißt Staunen. Von der imaginativen Kraft der Kindheit*
Weinheim / Basel: Beltz 1999

Jede Person, die sich mit dem phantasievollen Potenzial von Kindern beschäftigt, wird von der ersten bis zur letzten Seite dieses Buches begeistert sein. Zunächst beschreibt der Autor die phantasievollen Sprachen der Kindheit und gewährt einen Einblick in den Reichtum kindeigenen Denkens und des bildhaften Sprechens der Kinder. Das zweite Kapitel handelt vom Lernen und der Erinnerung der Möglichkeit, Erlebnisse, Erfahrungen und Eindrücke auszuleben, sowie über Geschichten einen intensiveren Kontakt als üblich zu sich selbst aufzubauen und zu spüren. In den Kapiteln drei bis fünf öffnet uns der Autor eine Tür zu seiner Arbeit mit Kindern: Hier zeigt sich, was Respekt und Wertschätzung im Umgang mit Kindern wirklich heißen kann, was es bedeutet, gemeinsam mit ihnen zu philosophieren, und wo der besondere Wert liegen kann, mit Kindern in Bildern zu sprechen und zu arbeiten.

Viele Kindergedichte, lyrische Texte und kleine Gedankensammlungen von Kindern im Grundschulalter veranschaulichen in praktischer Weise, was Kinder alles können, wenn mit imaginativen Ressourcen von Kindern gelebt und gearbeitet wird.

Mogel, Hans: *Psychologie des Kinderspiels. Die Bedeutung des Spiels als Lebensform des Kindes, seine Funktion und Wirksamkeit für die kindliche Entwicklung*
Berlin: Springer, 2. akt. u. erw. Aufl. 1994

Das Spiel der Kinder hat für ihre Entwicklung einen überaus großen Wert. Es wirkt sich auf die Sozial-, Denk- und Intelligenz-, Phantasie- und Kreativitäts-, Sprach- und Schulentwicklung eines Kindes aus. Werden – gemeinsam mit Kindern – alle Spielformen entdeckt, entsteht in ihnen ein Lebensplan, der Neugierde und Engagement, Selbstverantwortung und Autonomie zur Grundlage der Entwicklung aufbaut. So hat Professor Mogel die Bedeutung des kindlichen Spiels als eine »basale Lebensform« formuliert, seine Funktion und Wirksamkeit anhand sehr gut verständlicher Theorie mit vielen Praxisbeispielen erklärt und damit ein Grundlagenwerk vorgelegt, das seinesgleichen sucht.

Polak, Chaja: *Sommersonate*
München: Piper 2000
Der elfjährige Erwin sehnt sich nach Liebe und Geborgenheit. Doch seine egozentrische Mutter scheint sich nur für sein Cellospiel zu interessieren. Er schwört sich, niemals richtig erwachsen zu werden. Während der Cellostunden bei seinem großväterlichen Cellolehrer vergisst er die Welt um sich herum, seine unaufmerksame Mutter, die nie den Tod ihres ersten Mannes verwunden hat, und auch die Nichte des Lehrers, die ihn auf verwirrende Weise mit ihrer Sexualität konfrontiert. Auf einem Urlaubsausflug mit seiner Mutter und ihrem Freund scheint sein Leben die erlösende Wende zu nehmen: In der Schönheit des Meeres findet Erwin Trost, und er fängt den leisen Blick der gleichaltrigen Mary auf, deren blonde Zöpfe von roten Gummis zusammengehalten werden. Von da ab nimmt sein Leben eine erste hoffnungsvolle Wende ...

Reichelt, Stefan: *Wer nicht riechen kann, ist nasenblind. Von Kindern lernen, was leben heißt*
Bern/München: Scherz 1998
Der Autor arbeitet im heilpädagogischen Dienst des Rheinischen kinderneurologischen Zentrums in Bonn und

hat immer wieder Kindern zugehört, ihren Freuden und ihrem Leid, ihrer Neugierde und ihren philosophischen Gedanken. Diese machen – Gott sei Dank – vor nichts Halt und so versuchen Kinder mit ihrer Art des Denkens und ihrer Weise der Problemlösung den Spuren ihrer eigenen Erkenntnis zu folgen. Das Buch ist voller Reichtum an kindlichen Eingebungen. Sie wirken auf uns amüsant und neuartig, teilweise fremd und überzogen. Doch schaut man tiefer in die Welt kindlicher Gedanken, dann erkennt man die Vielfalt klugen und tiefsinnigen Denkens. Leser/-innen werden angeregt, staunend die Welt von Kindern aus ihrer Sicht zu sehen und die eigene, abgehobene Denkwelt zu entlarven. Ein wunder-volles Buch, das hilft, die Welt vielleicht neu zu entdecken.

Romberg-Asboth, Ingrid: *Wenn die Kinderseele weint. Seelische Nöte erkennen und verstehen. Eine Hilfe für Eltern*
München: Kösel 1999

Auffällige Verhaltensweisen fallen nicht wie Regentropfen vom Himmel auf Kinder herab. Vielmehr sind sie ein verzweifelter Ausdruck, seelische Irritationen, Konflikte oder unbefriedigte Lebensbedürfnisse zu kompensieren, um in der Gegenwart und Zukunft seelisch überleben zu können. Die Autorin hat ihren reichhaltigen beruflichen Erfahrungsschatz im Zusammenleben mit Kindern in ein wundervolles Buch verpackt. Sie geht auf die Ausdrucksformen offener und verborgener Seelentränen ein und liefert Hinweise für die Praxis, Kindern in ihrer Entwicklung behilflich zu sein. Die Sprache ist voller Bilder und lässt den gesamten Text regelrecht leben. Das ist etwas, was Bücher in der Pädagogik heute nur noch selten schaffen.

Sommer, René: *Der Baum steht mitten im Fluß. Was Kinderträume sagen können*
Zürich / Düsseldorf: Walter 1997

Ein Lehrer stellt sich jeweils vor Unterrichtsbeginn in einer heilpädagogischen Sonderschule in der Schweiz Schülern zur Verfügung, die einen guten, verlässlichen Zuhörer wünschen. Der neunjährige Paul nimmt ihn dabei immer wieder mit dem Erzählen seiner Träume in Beschlag. Schließlich kommen sie überein, die Träume aufzuschreiben. Auf diese Weise entstand im Laufe eines Jahres eine umfangreiche kindliche Traumserie, die Einblicke in die Prozesse einer Kinderentwicklung ermöglicht. Dabei eröffnet der Autor mit seinen Interpretationsgedanken einen interessanten Zugang zur Arbeit mit Kinderträumen und zu ihrem Verstehen.

Dieses Buch ist im Buchhandel leider vergriffen. Seiner Qualität wegen lohnt es sich aber, in Büchereien oder Antiquariaten danach zu fragen.

Tschöpe-Scheffler, Sigrid: *Kinder brauchen Wurzeln und Flügel. Erziehung zwischen Bindung und Autonomie*
Mainz: Matthias-Grünewald 1999

Die Autorin, die als Professorin für Erziehungswissenschaft an einer Fachhochschule lehrt, hat mit ihrem Buch und ungezählten Beispielen aufgezeigt, wie die Balance zwischen Bindung auf der einen Seite und Autonomie auf der anderen sowohl für die Pädagogik als auch für die Gestaltung des eigenen Lebens gelingen kann. Kinder brauchen Freiraum und Regeln, Verankerung und Freiheit, Grenzüberschreitungen und Haltepunkte, um die individuelle Persönlichkeit zu entfalten. Sigrid Tschöpe-Scheffler beschreibt dabei das Zusammenspiel von Egoismus und dem Gewährenlassen, der Ohnmacht und Allmacht der Erziehung bis hin zum gemeinsamen Wachsen, den Rechten und Pflichten sowie der Verknüpfung von Individual- und Sozialinteressen. So gut der Titel des Buches gewählt ist, so interessant ist auch der gesamte Inhalt.

Viewegh, Michael: *Blendende Jahre für Hunde*
München: Piper 2000
Eigentlich ist dieses Buch ein Roman über die »Hundejahre einer Familie«. Es handelt von den familienspezifischen Überlebensstrategien eines hoch begabten Jungen und seiner Familie. Alle Personen sind dabei, ihre Lebenswege so zu gestalten, wie es ihrer persönlichen Vorstellung entspricht. Dabei steht das Kind Quido, das in einem Prager Theater zur Welt kommt, im Mittelpunkt. Aufgrund besonderer politischer Verhältnisse, der beruflichen Situation der Eltern und bestimmter Überlebensstrategien innerhalb dieses Familiensystems, in dem der Vater nebenbei an seinem eigenen Sarg bastelt und die Großmutter Quidos unter anderem ihrer besonders einfallslosen Kochkunst sowie ihrem Klau-Bedürfnis bei ihren Reisen nachgeht. Dieser Roman ist aus familiensystemischer Sicht hochbrisant und stellt manches Fachbuch mit diesem Schwerpunkt weit in den Schatten. Es offenbart verschwommene und leise Familienstrukturen und schafft es, dass Leser/-innen vielleicht in angelehnten Beispielen an die eigene Familiengeschichte zurückdenken, wo Kinder zu Opfern werden und ihre Überlebensstrategien entwickeln (müssen).

Wunsch, Albert: *Die Verwöhnungsfalle. Für eine Erziehung zu mehr Eigenverantwortlichkeit*
München: Kösel, 4. Aufl. 2000
Es ist ein Zeichen der Zeit, dass sich Egozentrismus und Maßlosigkeit immer stärker ausgeprägt haben, Kind-

orientierung mit dem Laisser-faire-Verhalten verwechselt wird und »Spaß an der Party« zum beherrschenden Lebensstil wird. Schuld an Missgeschicken wird delegiert und Konsum und Besitz werden zur A-Priorität erklärt. Dr. Albert Wunsch nimmt sich mit diesem Buch einem aktuellen Problem an, ohne in eine hemdsärmelige Hauruck-zurück-Pädagogik zu verfallen. Vielmehr beschreibt er die Notwendigkeit und Möglichkeit, eine Pädagogik verstärkt in den Mittelpunkt zu setzen, in der Kinder klare Orientierungen finden können, um Selbstverantwortung auf- und auszubauen. Nachdem der Autor etwas zur »Volksdroge Verwöhnung« gesagt hat, stellt er die Frage nach dem Sinn und Zweck der Erziehung. Danach geht er – immer mit vielen Beispielen – auf die Verwöhnung als ein Massenphänomen ein (von der Familie über den Kindergarten über die Schule bis hin zum Missbrauch des Sozialstaates), um dann die Pathologie der Verwöhnung zu beschreiben. Schließlich zeigt der Autor den »Preis der Verwöhnung« auf und stellt Wege zur Veränderung vor. Seine Ausführungen sind entwicklungspädagogisch qualifiziert und treffend, so dass es Freude macht, das Buch von der ersten bis zur letzten Zeile zu lesen.

Schulstart ohne Hindernisse

Ich freu mich auf die
S·C·H·U·L·E
Ein Ratgeber zum Schulanfang

Mit einem Plakat für Kinder

Andrea Braun
Ich freu mich auf die Schule
Ein Ratgeber zum Schulanfang
Mit einem Plakat für Kinder
128 Seiten. Klappenbroschur
ISBN 3-466-30507-1

Die meisten Kinder warten mit großer Spannung auf den ersten Schultag. Und Eltern können viel dazu beitragen, dass diese Freude möglichst lange ungetrübt bleibt, wenn sie um die Veränderungen wissen, die auf sie und ihr Kind mit dem Schulbeginn zukommen.
Für die Kinder liegt ein buntes Plakat mit vielen schönen Angeboten zum Malen, Basteln und Knobeln bei, das die Wartezeit bis zum Schulanfang verkürzt.

KÖSEL

Kösel online: www.koesel.de; e-mail: service@koesel.de